シリーズ国語授業づくり

板書

子どもの思考を形成するツール

監修 日本国語教育学会　企画編集 藤田慶三

編著 藤井知弘・黒澤みほ子

東洋館出版社

まえがき　魅力的な「国語」の授業のために

　話す力は、話す活動を通して身に付きます。ですから、「話すこと」の学習においては、話す活動自体を、学び手にとって充実したものにしなければなりません。充実した話す活動を通して、初めて「話すこと」の力は学び手自身のものとして身に付くのです。

「書くこと」の学習も、「読むこと」の学習も同じです。すべての言語能力は、それぞれ充実した言語活動を通して学び手のものとなります。小学校においても、中学校・高等学校においても、「国語」の学習は、充実した言語活動として成立させなければなりません。

「国語」の学習として、言語活動を学び手にとって生き生きと充実したものにする——それが国語単元学習です。すなわち、国語単元学習は、学び手にとって、生きた実の場の言語活動を通して、国語学習を成立させようとするものです。

　国語単元学習には、活動形態としては様々なものがありますが、大事なことは、学び手が自らの課題を中心に、情報の収集・再生産の活動や、協働的な交流活動などを行い、主体的に課題を追究し、解決していくプロセスを、学習活動として組織することです。一貫した課題追究の過程が、学び手自身のものとして成立するとき、「国語」の授業は魅力的なのです。

「国語」の授業を、魅力的な言語活動の実の場として成立させたいと思います。そのためには、学び手が自ら参加することで、その活動が学習として有効に成立するようにしなければなりません。教師の学習支援としての「発問」も「板書」も、また課題解決のための調べ学習や、協働学習としての交流活動も、「国語」の学習としての言語活動をより一層充実したものにする上で重要な手がかりとなるものです。

本シリーズは、単元学習を柱として展開する参加型の国語授業を成立させることをねらいとしていますが、まず初めに、教師が心得ておくべきことを、六冊にまとめました。

なお、今日、「アクティブ・ラーニング」という言葉で課題解決の活用型の学習が求められるようになっていますが、それこそ私たちの日本国語教育学会が一貫して求めてきた単元学習の特質の一つです。また、協働的な学習も、単元学習を成立させる課題追究の「交流活動」として実践してきたものです。そのような点で、本シリーズにはこれからの時代の国語科の可能性を拓く鍵が、間違いなくあると言っていいでしょう。

本シリーズは、教師としてのスタートラインに立った若い先生方に、ぜひ手にとっていただきたいと思っています。同時に、ベテランの先生方にも、ご自分の経験をふり返り、改めて実践の方向を見据えていく上で、ぜひ目を通していただきたいと思います。また、それぞれの地区や校内で指導的な立場に立っておられる先生方にも、教育実践のレベルアップのために、改めて参考にしていただきたいと思います。

本シリーズは、日本国語教育学会の教育情報部の事業として、小学校部会と合同で、各巻担当の学会理事によって企画・編集・執筆され、東洋館出版社のご尽力により刊行の運びとなったものです。

平成二十七年七月

湊　吉正（日本国語教育学会会長）
田近洵一（日本国語教育学会理事長）

もくじ

Ⅰ章

板書の目的と役割

Ⅱ章

「板書」の基礎・基本

Ⅲ章

思考を形成するツールとしての板書

Ⅳ章

板書で見る単元の構想と実践例

言語活動「リーフレット作り」

(五年)単元「物語を読み、自分の考えをまとめよう」

(六年)単元「物語を読み、人物の生き方について話し合おう」

高学年

Ⅰ章

板書の目的と役割

1 板書の目的

教師として一番使う教具は何かと問われれば、間違いなく「板書」といえるでしょう。教室を中心に学校がはじまった明治以来、その役割と重要性は変わらないといえます。板書によって授業のねらいやめあて、課題が示され、内容も進んでいきます。授業の重要なことは板書によって示され、学習者はそれをノートに視写し、授業の終末においてその考えを整理したり、まとめたりすることや振返るといった活動も板書をもとに行われます。このように板書は、学習活動の中心に位置している「学習材」そのものともいえるでしょう。

板書は、『国語教育研究大辞典』（明治図書、一九九一年）によれば、次のように定義付けられています。「学習目的を達成させるため、子どもの学習活動を刺激し、学習過程を一層有効に進め、学習効果を高めるための具体的な指導技術である。」

ここでは指導技術としてとらえています。教師が主となって構成する際は、技術が重要となりますが、先に述べたように、学習者は板書から様々な情報を得たり、学習過程を意識したり、場合によっては自らが参加してそれを作るといったこともあります。こういう機能を含めて考えると板書は教師の指導技術というだけではなく、学習材として「学習内容」を示した学習のフィールドともいえます。

1 板書の歴史

明治五年にアメリカのスコット（M. N. Scott）によって初めて導入されたと言われています。明治二十四年、文部省「小学校設置準則」交付のなかで、「黒板や掛け図等」を「備ウルヲ常例トス」とされ、今日にまで至っています。

2 板書の意義

①何について学習しているかを明示することができる。
②学習の進め方や、今、何について学習しているかがわかる。
③重要な言葉、テキスト文、根拠や理由など、大事なことを視覚で確かめることができる。
④他者の考えなどを確かめることができる。
⑤学習者が参加して作ることができる。
⑥組み立てや構成など全体を俯瞰して示すことができる。
⑦写真や図など非連続型テキストも提示することができる。
⑧学習のまとめを示し、全体で共有することができる。
⑨書かれたことをもとに学習を振り返ることができる。

以上のように板書の意義は、全員が目で確かめられる教科書ともいえます。

板書を使って様々な情報を学習者に提示します。

めあてや学習の進め方を示しています。

2 板書の機能と原則

1 板書の機能

板書が便利だと思うことは授業の中で多く感じる所です。板書にはどのような機能（はたらきと利便性）があるのでしょうか。

①いつでも書ける、いつでも消せる。　即興性、即時性
②文字の一画が目で確かめられる　視覚性、書写教育の側面
③教室にいる学習者が一緒に見ることができる　共有性
④学習のねらいに照らして内容や構成を工夫することができる　構造化
⑤文字や記号など書かれたテキストの大きさや位置を自由にできる　自由性
⑥色を使って強調などができる　視認性
⑦視写するためのものを示し、学習材テキストともなりえる　学習性
⑧学習者が参加することによって作ることもできる　参加性
⑨文字練習などをすることができる　練習性

⑩書きながら学習を進めることができる
効率性

こうした特性を生かして学習は進められています。特に効果的に活用するためには、教師自身が板書をどのように構成していくかを考えることが重要です。思いつきや行き当たりばったりの板書ではよい板書を作れません。

学校公開などに参加した時に、授業の終えた教室に残った板書を見てみると、その時間にどのような学習が行われたのかがよくわかる板書に出合うことがあります。こうした板書は、学習者にとっても学習の流れがよく見えていたはずですし、その時間の振り返りの時にも、本時の学びを確かめることができたはずです。

美しく書かれた板書は書写教育にもなっています。
日頃からの板書の字の丁寧さは、学級の児童のノートにも反映されていきます。

学習者自身が進行を図ります。

低学年では字形を丁寧に扱います。

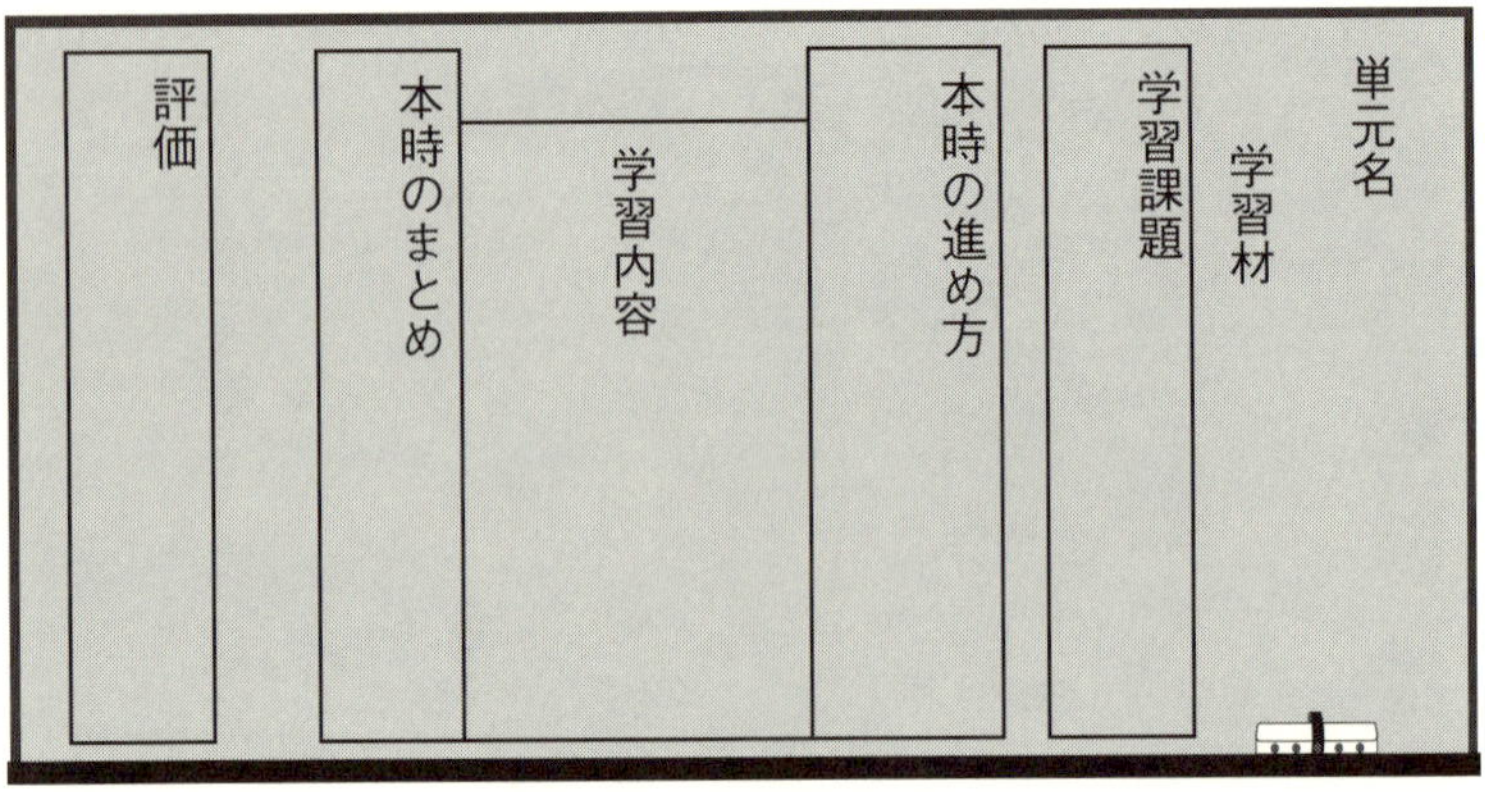

一般例

2 板書の原則

小学校の板書は、他の校種と比べると圧倒的にきれいで、丁寧であることを感じます。教育実習の学生の授業を見て、真っ先に感じることは、板書の字のお粗末さです。小学生が書いたのではないかというような字を書いていては折角の授業のよさも半減してしまいます。字の上手下手はどうしようもないとあきらめることなく、意識することによって字を上手にすることは可能です。前頁の写真にもあるようにポイントは「字形」です。子どもたちが使っている漢字辞典には毛筆体で書かれた字が示されています。ひらがなは一年生の五十音表が手本となります。

板書の一般的な原則としては、次のような点が挙げられます。

○国語科においては基本的に縦書きです。(レポートやパンフレット、リーフレットなど様々な様式に合わせて横書き提示も今後一層増えてきます)。

○単元名、学習材名、本時のめあてを示すことは必須です。何を学習しているのか、本時のめあて（学習課題であったり目標であったり、話題であったりする）がわかるようにしましょう。
○めあては何色、まとめは何色などチョークの色使いはいつも同じ原則で用いること。
○縦書きの列はまっすぐに、横は、水平に表すこと。
○枠や表などの線を引くときには、フリーハンドより定規を使って引くことが望ましい。
○学習内容になる教師の記述は、構造的に示すようにする。
○一単位時間の板書の中で、記述してから消して、また書くといったことはしない（一回性）。
○板書の中に学習者の考え等を表す時は、代表的なものをまとめる／すべてそのまま書く／などのように、どのように扱うかを決めておく（スペース配分をどうするか）。
○学習者の考えが想定される場合でも、紙板書等で準備しないようにする（予想される反応以外の発言への対応ができない為）。
○教科書等の視写を行う場合には、教師のスピードを子どもの書く速さと同じくらいにし、読みながら書くことで板書を見なくても書けるようにする。

板書にはこうしなければならないという法則のようなことはありませんが、ここで示したような点に留意することで、学習者が共通理解をもちやすくなったり、学習の進行がスムースになったりすることと思います。また学習者がノートにこれらを写すということを十分に意識する必要があるでしょう。

3 板書を補助する掲示の活用

「学習の見通しと振り返り」やアクティブ・ラーニングが求められる中において、板書のサイド等を使って、学習にかかわる内容を提示することが効果的でしょう。学習者は、これを見て今、何を学習しているのか、次時には何をどのように学ぶのかや、本時の進め方を確かめたり、表現しようとする様式について常に確認したりすることができ、一人学びやグループでの学習を支援します。

単元の学習計画

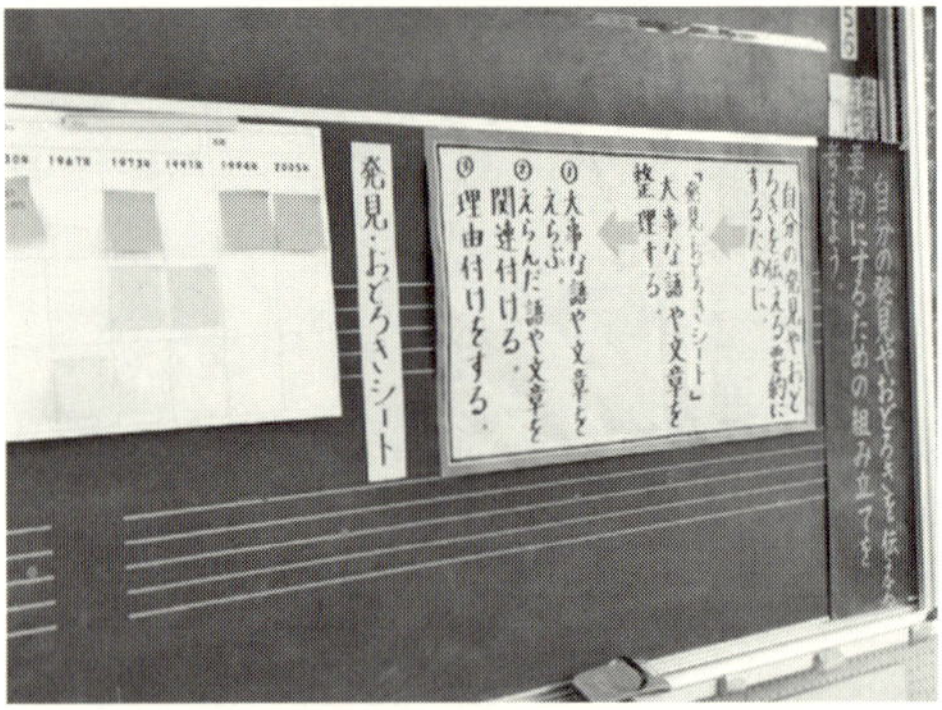

本時の学習の進め方

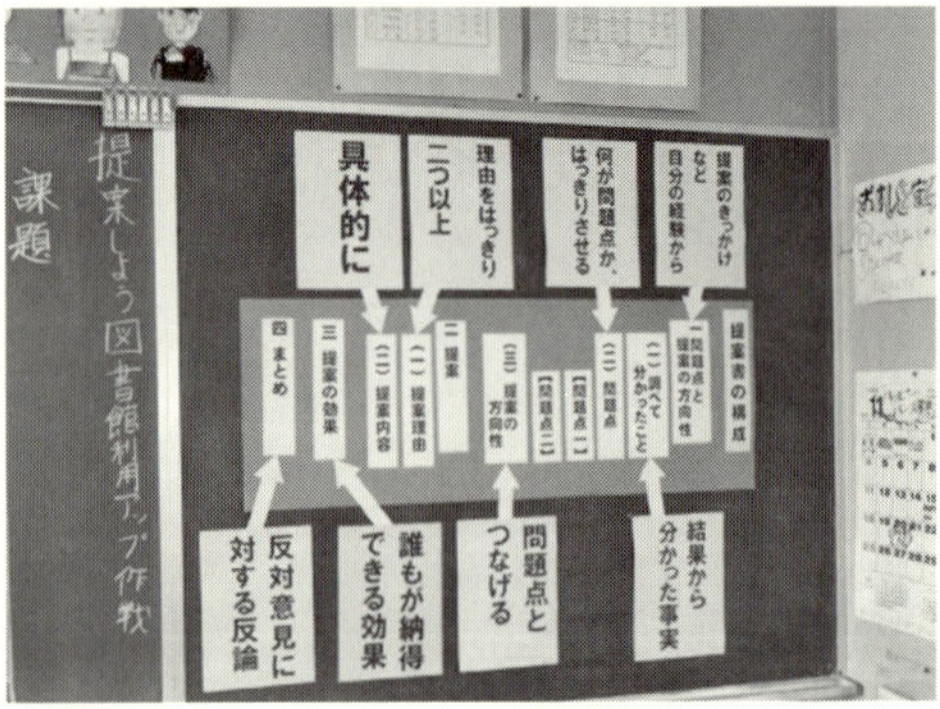

様式を示した学習掲示

3 電子黒板の活用

ＩＴ機器の普及によって、教室において電子黒板が一般的に使われるようになってきました。その利点は
○視覚化が図れる　○情報加工が容易である　○動画や映像などを引き出すことができる　○一人一人の端末とリンクしていれば、それを取り出し全体化が図れる　○端末の情報を引き出し、電子黒板上で集約し表示することもできる　○そして何よりも学習者の興味を惹きつけ、学習への集中度を高めることができるなど、活用の仕方によって大きな可能性を見いだすことができるということではないでしょうか。しかし、こと国語科における活用では、先に挙げた学習活動上の利用はできるものの、電子黒板上で動かすソフトが十分に開発されているとは言い難いのが現状です。教科書教材文を示す、ラインを引く、囲む、吹き出

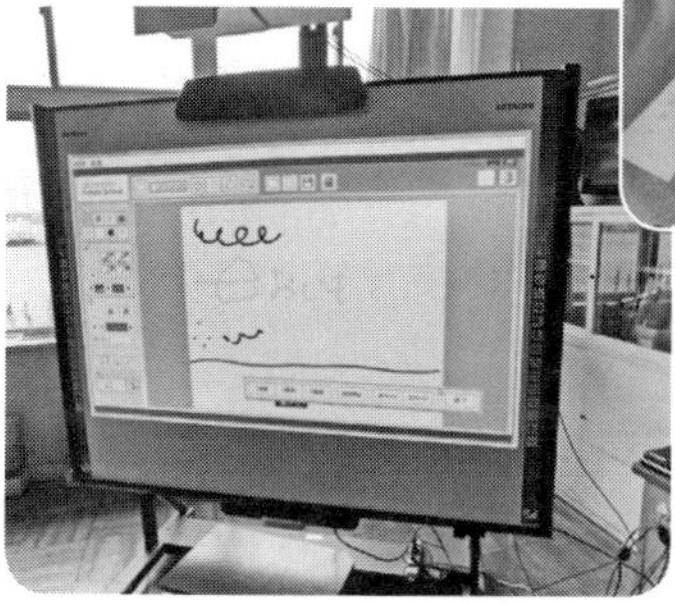

電子黒板と端末がリンクしています。

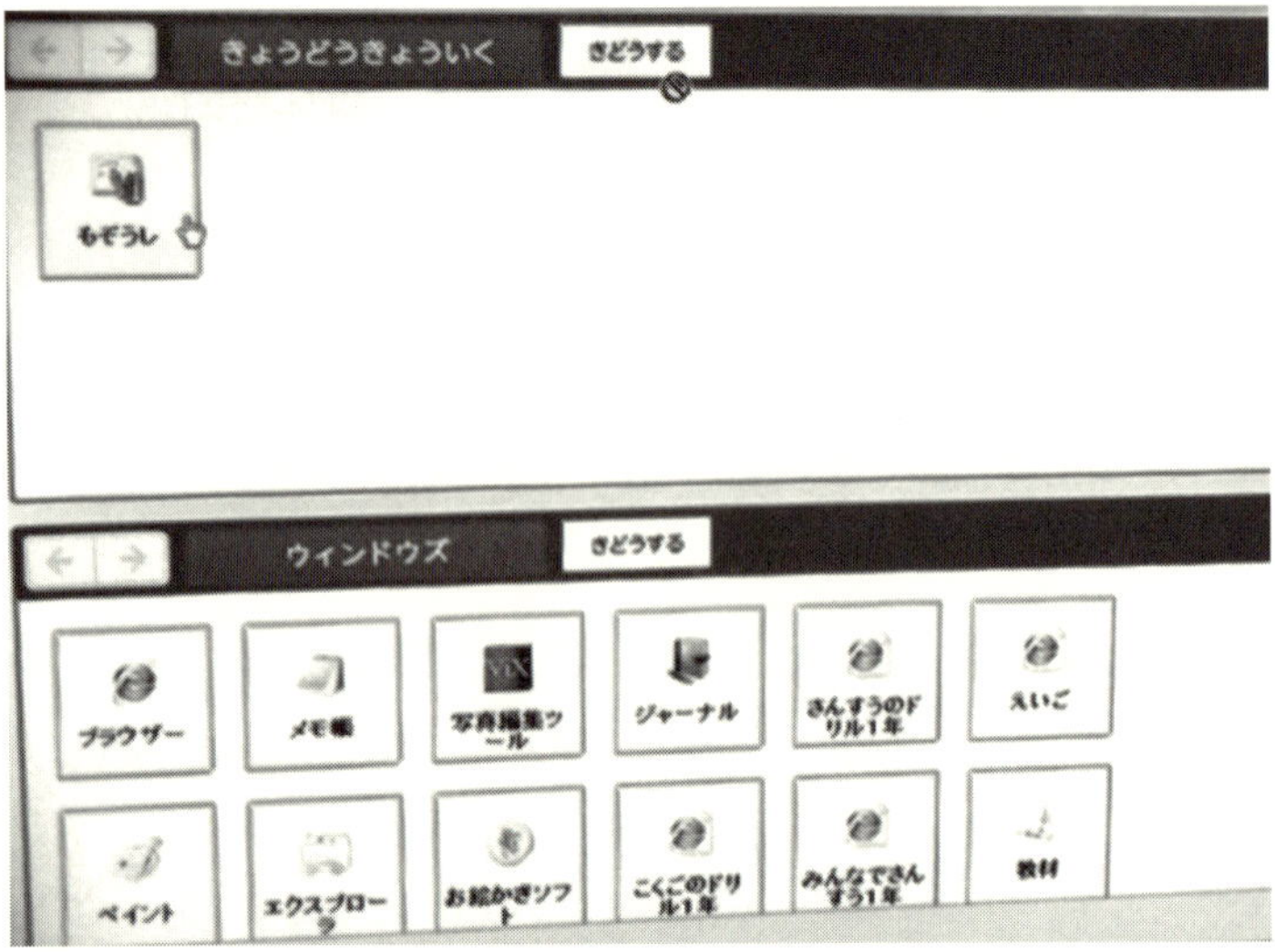

電子黒板が、模造紙のような役割として、個々の考えやグループでの状況を瞬時に映し出すことができるのは大変便利なものといえるでしょう。

教材文を加工することも容易です。今までテキスト文を模造紙に書くという労力を省くことができます。全体を一度に示し、構成をつかむなどという活動には難があります。

しなどの書き込みをするといったことに限定されている実状もあります。テキスト本文も頁で示すのが基本なため、全体を示すことができないなど、紙板書に劣る部分もまだ見られます。スマートフォンの普及により、こうした電子機器が一層身近なものとして生活の中にも位置付いてきます。作文をすることも修正、推敲が容易なワープロソフトによる作文へ、発表のプレゼンテーションもソフトを使ってのものへなどと国語科においてもその流れは無視できないものとなっています。それに伴い、キーボード操作などのコンピュータースキルが必要となり、その学習の時間もカリキュラムの中に位置付ける必要が出てきます。

今後、ソフトの開発と共に、その利用状況は一層大きなものへと変わってくると思います。しかし自らが自らの字で構成する板書の重要性は変わらないでしょう。

Ⅱ章

「板書」の基礎・基本

Q

1　板書にはどんなレイアウトがありますか？

A

縦書きでは黒板を上下に分けたり、横書きでは黒板を左右に分けたりすることがあります。また、中心からまわりに書いていく方法もあります。

①縦書きにするか横書きにするかは、扱う学習材の形式に合わせますが、縦書きと横書きが混在する場合もあります。

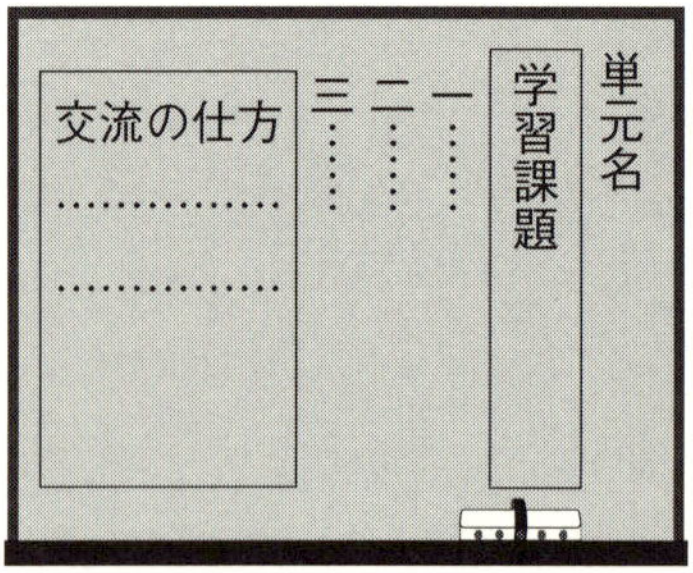

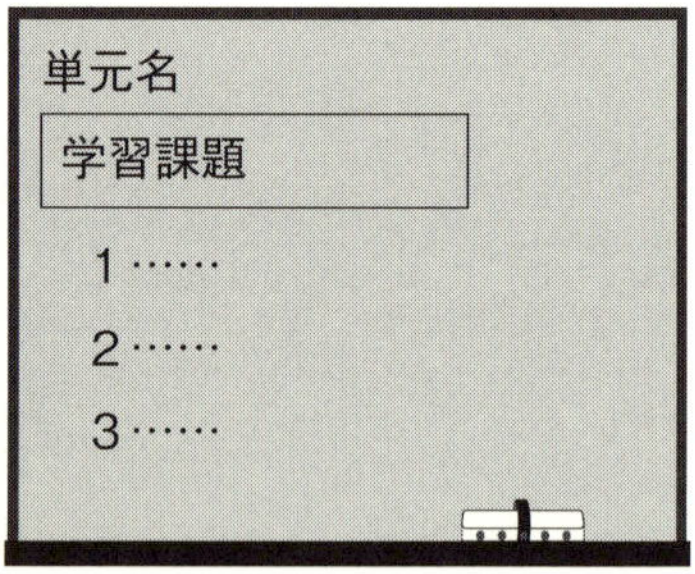

②項目を分けたり、比べて考えたりする場合には、黒板を分けると効果的です。

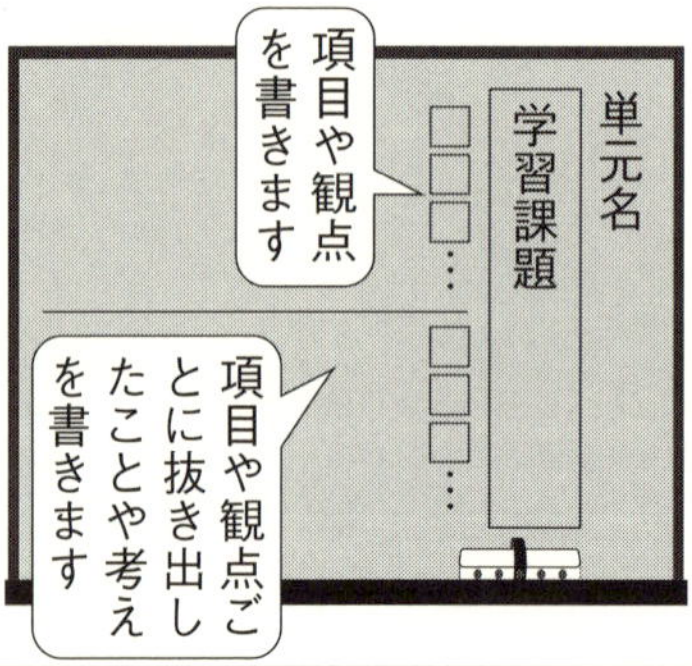

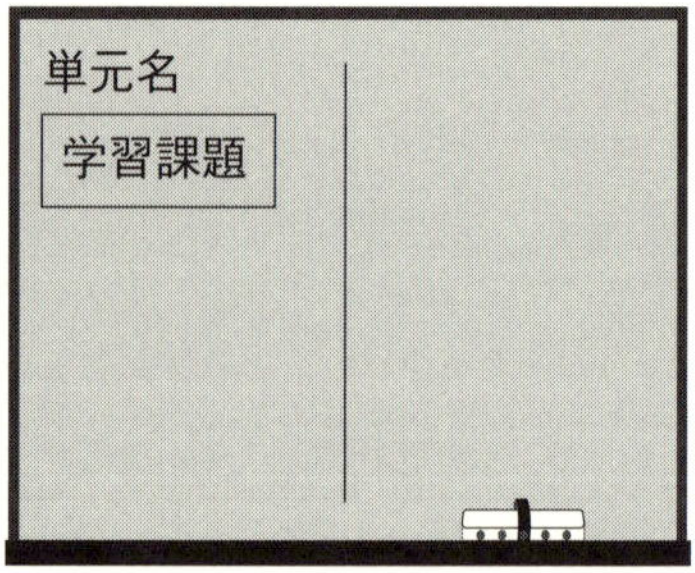

❶縦書きと横書き

縦書きと横書きは、基本的にはそのときに扱う学習材や教科書の形式に合わせるとよいでしょう。国語科では縦書きの場合が多いと思われますが、観察記録文などを書く活動では、横書きの形式をとる場合もあります。また、ポイントを掲示したり学習の流れを書いたりする場合、縦書きと横書きが混在することもあります。

❷分けることのよさ

分けて書き表すことにより、子どもの思考も整理されるというよさがあります。

◇分け方の例

・「登場人物の行動」「自分の考え」などの項目で分ける。
・「共通点」「相違点」で分ける。
・同じ観点で二つの学習材を比べる。

❸その他のレイアウト

中心に考えるべき課題を置き、そのまわりに考えを書いたり、模造紙等を貼って区切ったりする方法もあります。

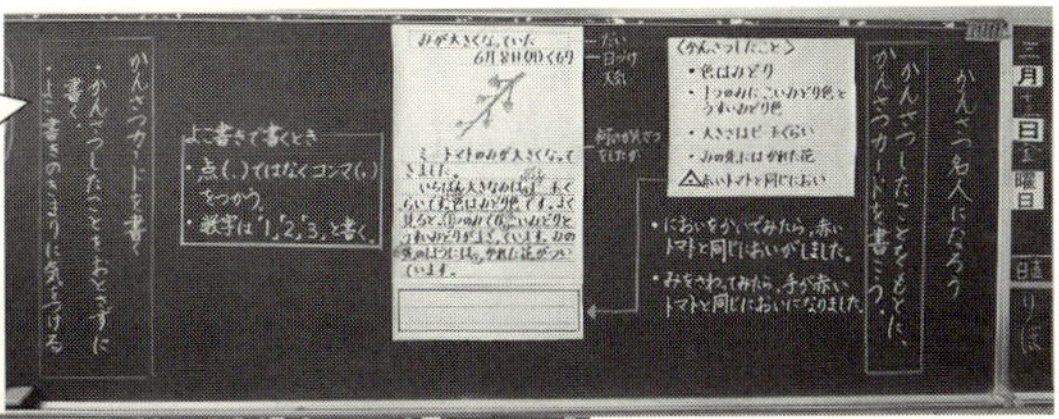

縦書きと横書きを併用する場合もあります。

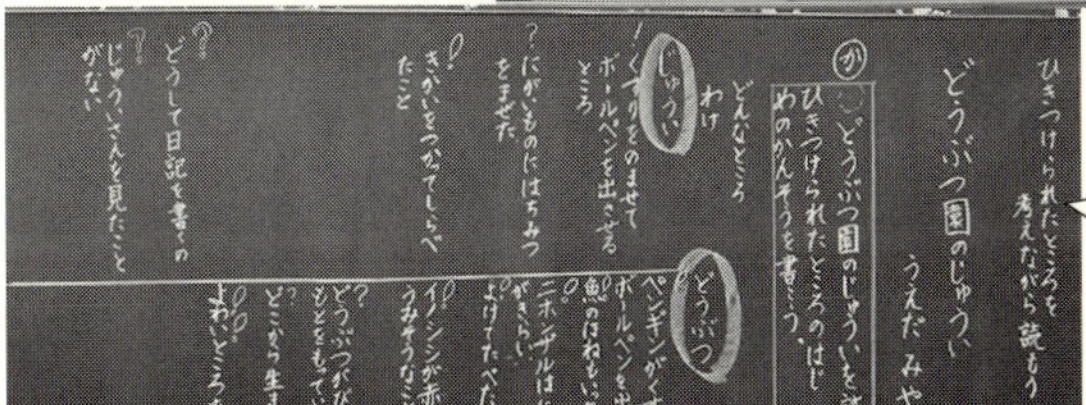

上下で分けた例

Q

2　板書には何を位置付けたらよいですか？

A

「単元名」「学習材名」「学習課題」「まとめ」とともに思考の過程がわかるような内容を位置付けましょう。また、授業の流れを示すと見通しをもって学習できます。

①「単元名」「学習材名」「学習課題」「まとめ」を位置付け、その時間の学習内容にかかわる思考の過程を板書して、課題解決につながる考えや方法を整理しましょう。

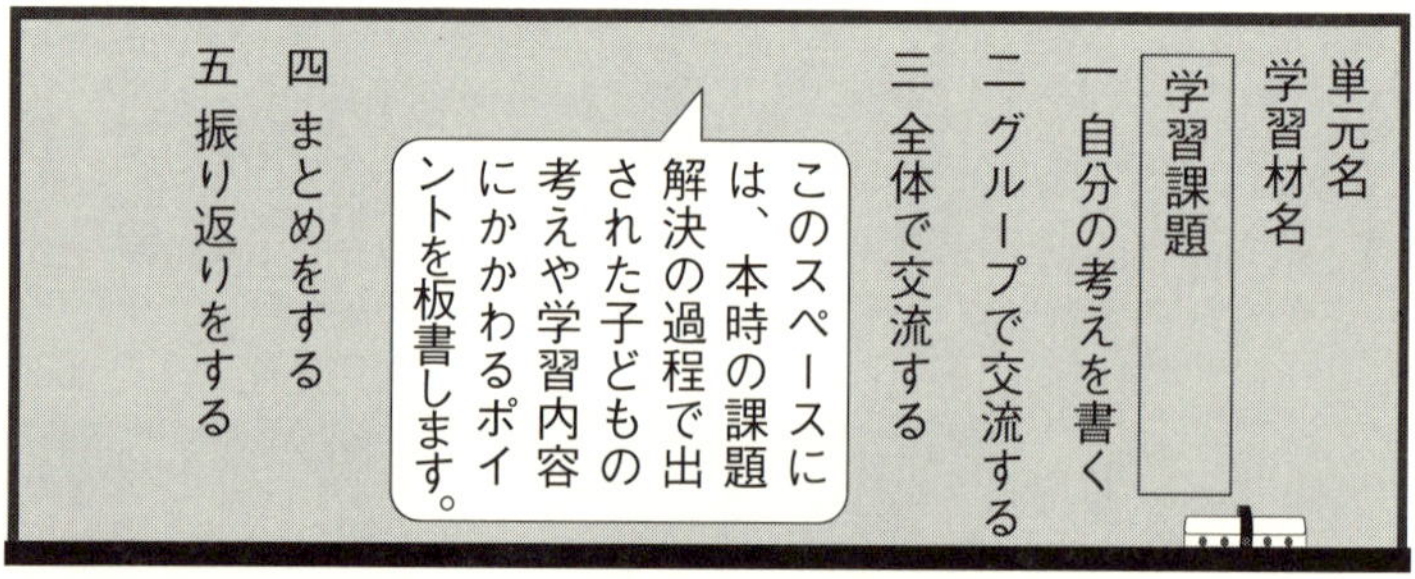

②板書の中に、授業の流れを示しましょう。

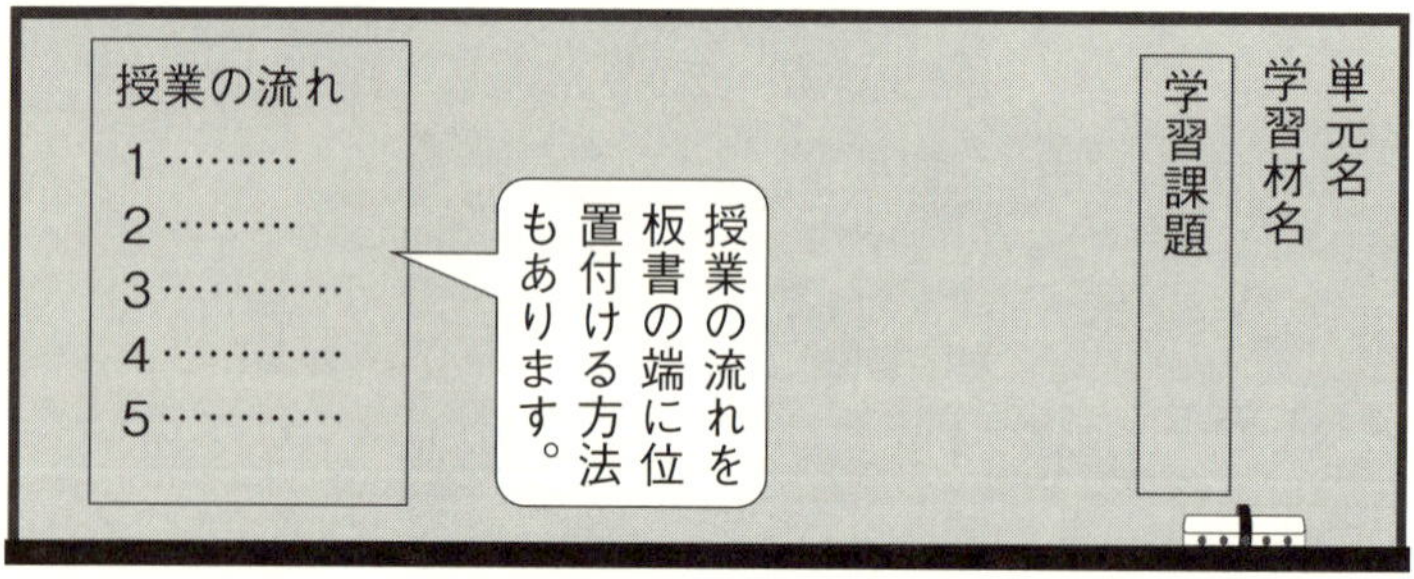

❶いつも位置付けること

どの教科でもいえることですが、板書には「単元名」「学習材名」「学習課題」「まとめ」を位置付けましょう。「単元名」はカードなどに書いて貼ってもよいでしょう。「学習課題」は、予め単元計画を立てたときに決まっているものを書く場合と学習を進めていく過程で生まれた課題を書く場合があります。「まとめ」は学年や学習内容によっても変わりますが、子ども自身がまとめることができるよう板書にキーワードを書くことが大切です。

❷思考過程がわかる工夫

板書の中に、その時間の課題解決にかかわる子どもの考えや見出した方法などを残しておきましょう。思考の過程が見えるように黒板に残しておくことで、時間の終わりにまとめたり振り返りをしたりすることが容易になります。

❸授業の流れを位置付けて見通しを

授業の流れを箇条書きにして板書に示しておいたり、黒板の端に活動の順序を掲示したりすることで、子ども自身が見通しをもって学習を進めることが可能となります。

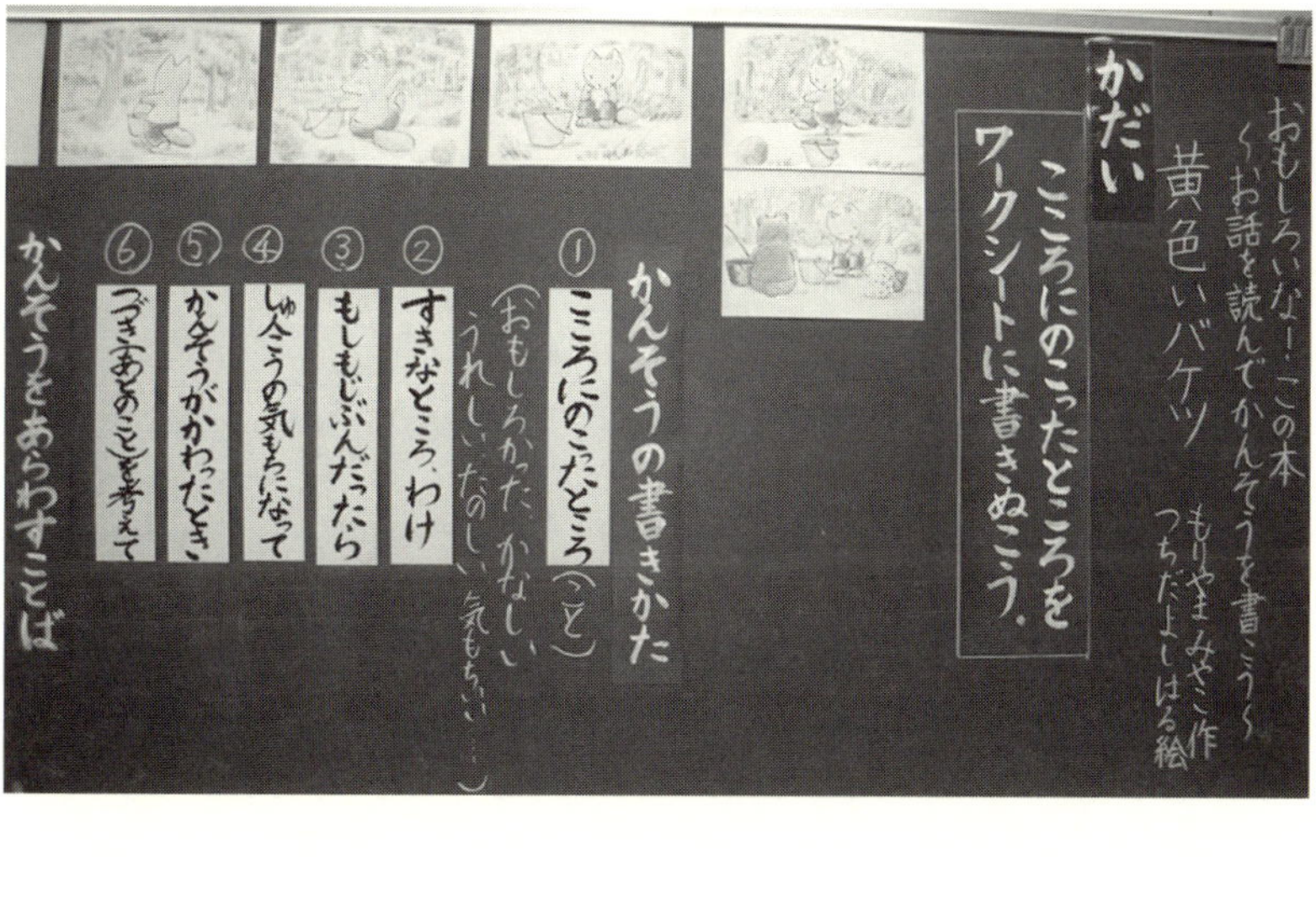

Q

3　見やすい文字を書くためのコツはありますか？

A　一文字一文字の字形を整えるポイントを押さえることと、全体の中心を整えることが大切です。

①一文字一文字の「とめ・はね・はらい」を丁寧に書き、文字の中で目立たせると字形が整う画を意識しましょう。

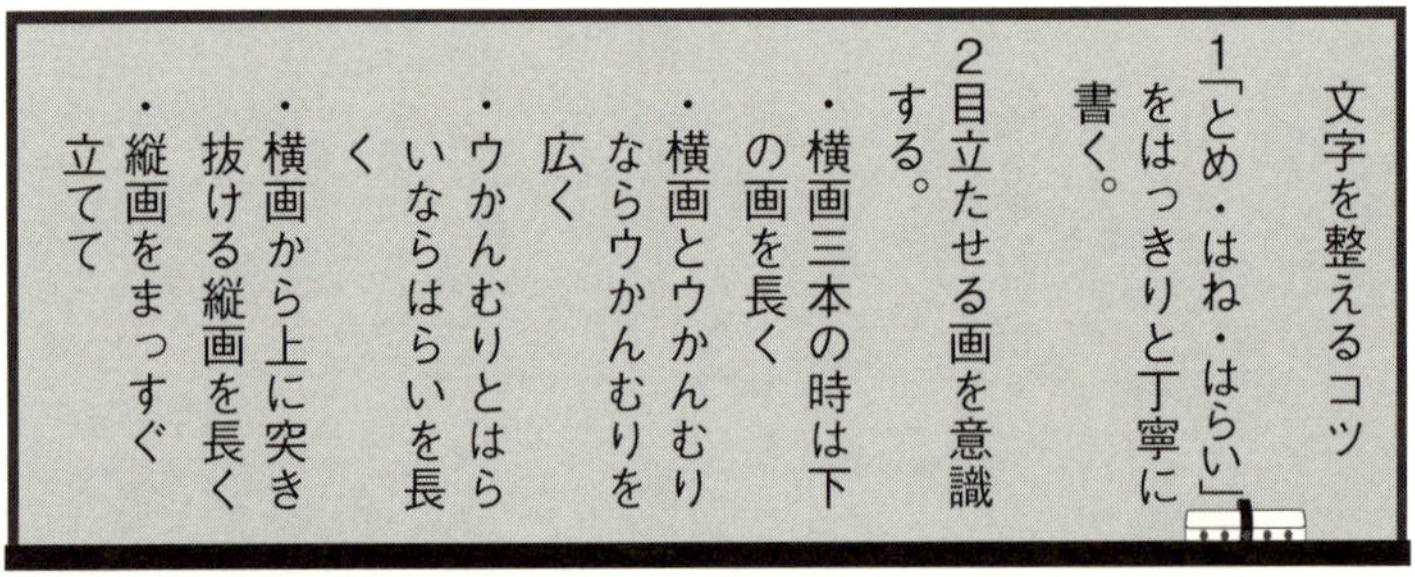
文字を整えるコツ
1「とめ・はね・はらい」をはっきりと丁寧に書く。
2目立たせる画を意識する。
・横画三本の時は下の画を長く
・横画とウかんむりならウかんむりを広く
・ウかんむりとはらいならはらいを長く
・横画から上に突き抜ける縦画を長く
・縦画をまっすぐ立てて

②全体を整えるには、文字の中心をそろえること、漢字よりひらがなをやや小さめに書くことに気を付けましょう。

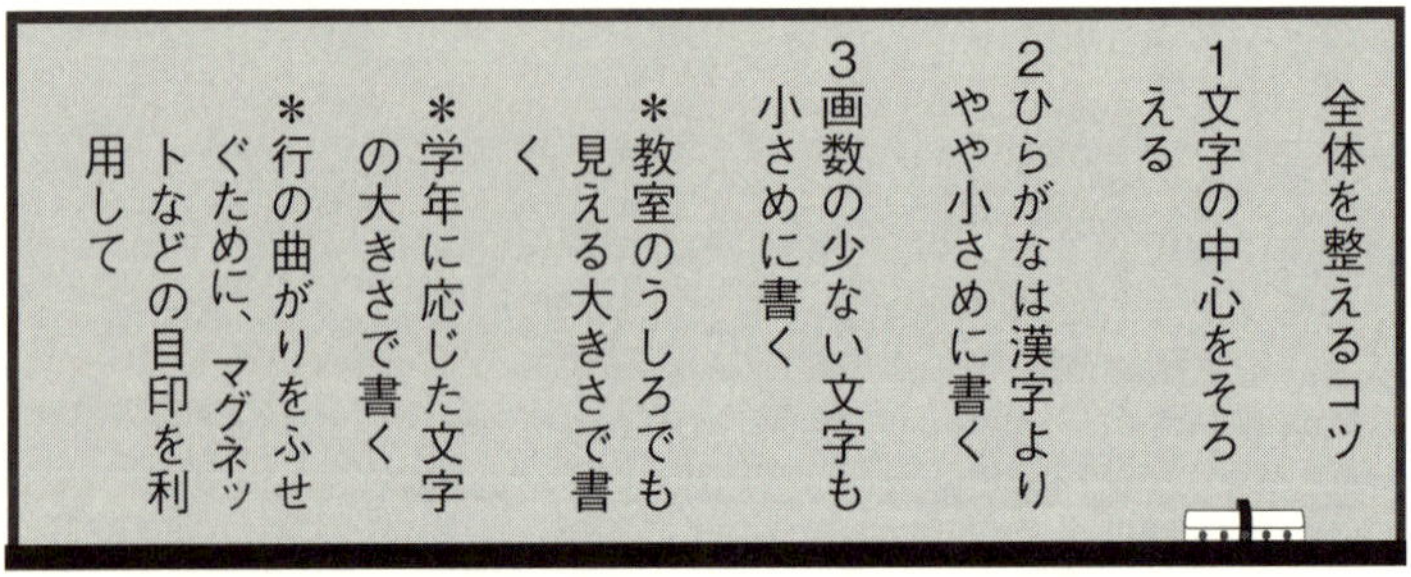
全体を整えるコツ
1文字の中心をそろえる
2ひらがなは漢字よりやや小さめに書く
3画数の少ない文字も小さめに書く
＊教室のうしろでも見える大きさで書く
＊学年に応じた文字の大きさで書く
＊行の曲がりをふせぐために、マグネットなどの目印を利用して

❶▼「とめ・はね・はらい」をはっきりと

文字を書くことが得意、不得意にかかわらず、板書をすることは、教師が避けて通ることのできないことです。小学校低学年の場合は、特に一画一画を丁寧に書くことが大切です。そして、「とめ・はね・はらい」をしっかりと区別して書くようにするとよいでしょう。

❷▼どの画を目立たせるのかを意識して

文字の中で長く書くと全体の形が整って見える「主画」というものがあります。例えば、「木」という文字は、横画よりはらいを長く書くと字形が整います。右ページで示したような、きまりを意識して書いてみましょう。また、目立たせる画以外の画を少し短めに書いておくことも必要です。例えば「木」の場合は、一画目の横画を少し短めに書いておくと、よりはらいが目立って形が整います。

❸▼行の中心、ひらがなと漢字のバランスに注意して

行の中心をそろえるには、それぞれの文字の中心はどこかを意識します。黒板に書いているうちに行が曲がってしまうということがありますので、上下の目印も活用しましょう。

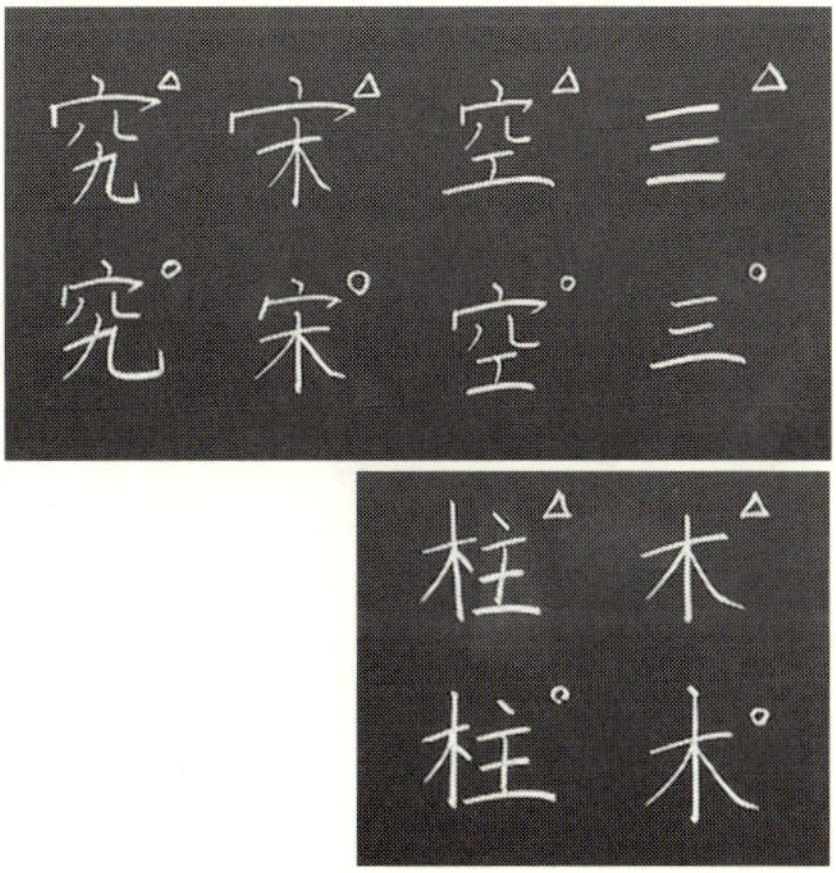

三
空
宋
究
三
空
宋
究
木
柱
木
柱

右ページのきまりに従って書いた例

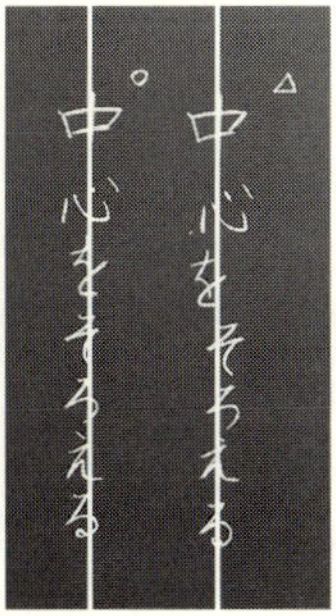

中心をそろえる
中心をそろえる

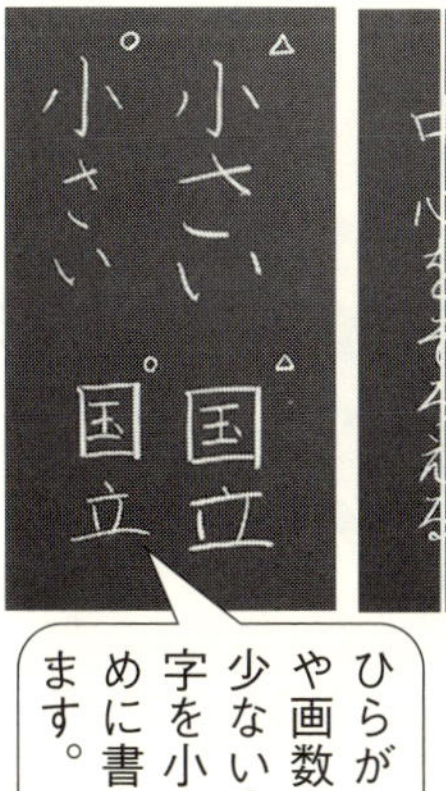

小さい
国立
小さい
国立
ひらがなや画数の少ない文字を小さめに書きます。

Q

4　チョークの使い方にきまりはありますか？

A　なめらかに書ける持ち方をし、色分けを工夫しましょう。

①親指、人差し指、中指でチョークを持ち、黒板に対して45度の角度で書きましょう。

チョークの先は、鉛筆と同じような形になるように書きます。

人差し指をチョークに乗せ親指と中指をそえます。

②本文は白、考えは黄色、大切なポイントは赤などというふうに、チョークの色分けを決めておきましょう。

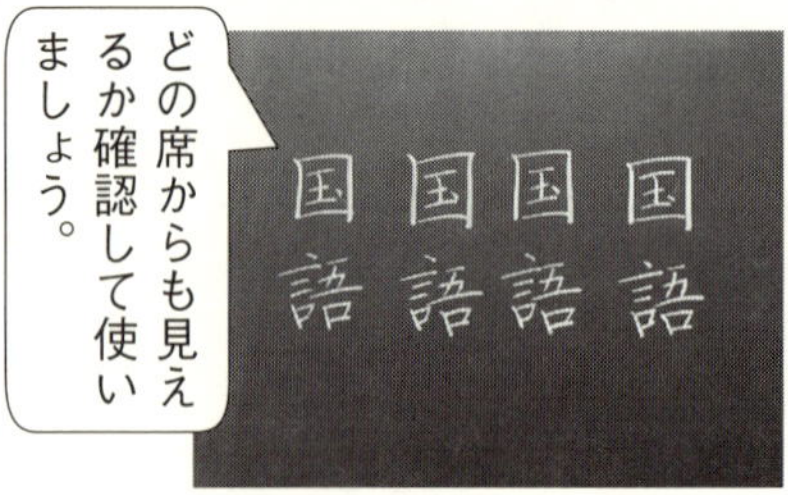
どの席からも見えるか確認して使いましょう。
国語
国語
国語
国語

授業開始前には、黒板を整え、チョークも各色そろえておきます。

❶ 鉛筆と同じ角度で書く

チョークも鉛筆と同じ角度で書き、角が丸くなったら回しながら書きます。硬めのチョークと柔らかめのチョークがあるので、筆圧や好みで自分に合うチョークを選びましょう。

❷ 色分けを工夫して

学習内容によって、次のような色分けを工夫しましょう。色分けの約束を決めておくと、子どもも迷わずに自分のノートに書くことができます。

◇分け方の例

例1　本文は白、考えは黄色、大切なポイントは赤

例2　共通点は白、相違点は黄色

例3　プラスの考え方は赤、マイナスの考え方は青

蛍光チョークもおすすめ！

蛍光オレンジは、板書ではとても目立つので大事な点を書き込むのに便利です。逆に、青や緑は目立ちにくいので使い方に配慮しましょう。

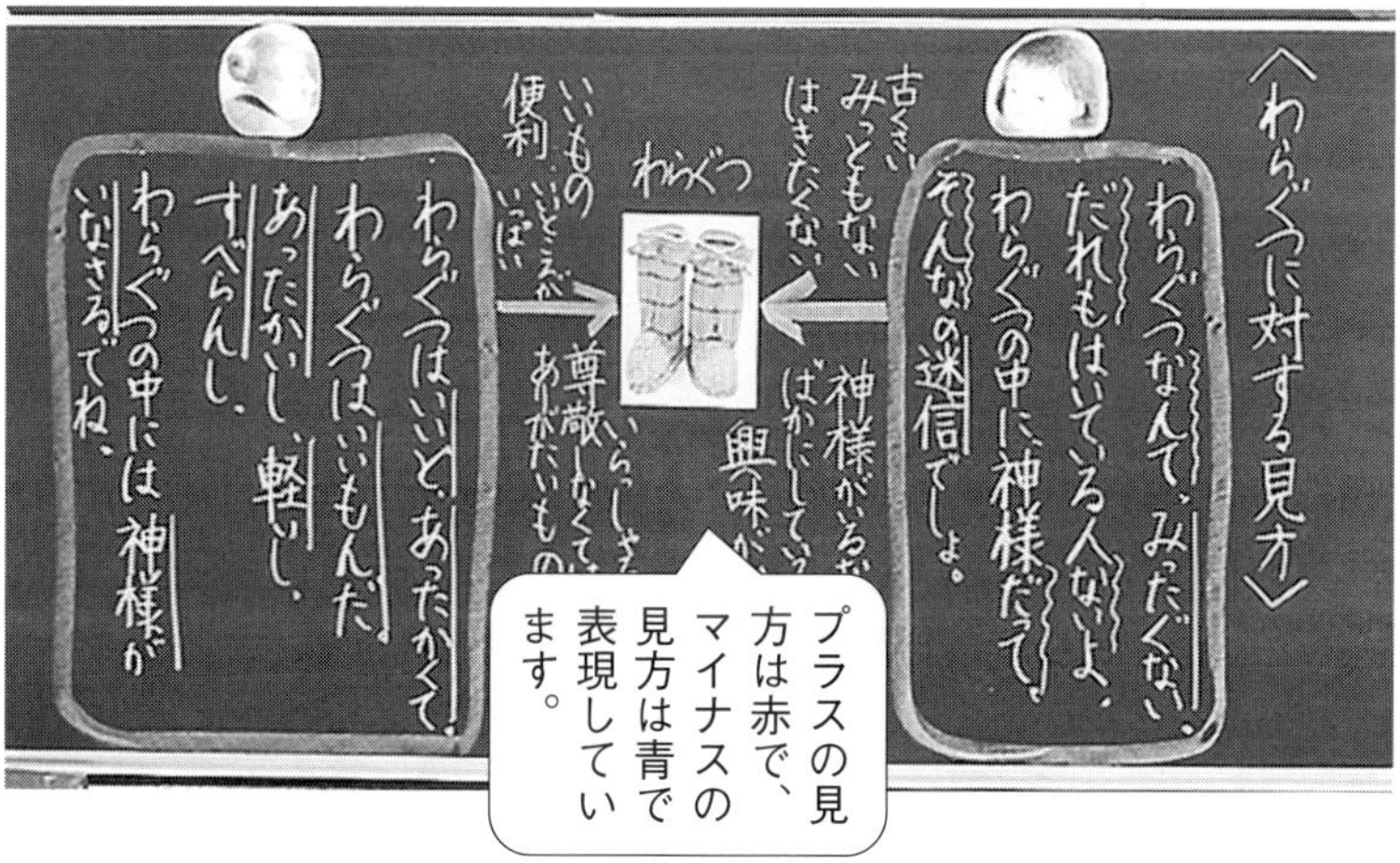
〈わらぐつに対する見方〉
わらぐつなんて、みったくない。
だれもはいている人ないよ。
わらぐつの中に、神様だって
そんなの迷信でしょ。
古くさい
みっともない
はきたくない
わらぐつ
いいもの
便利
わらぐつはいいと、あったかくて
わらぐつはいいもんだ
あったかいし、軽いし、
すべらんし、
わらぐつの中には神様がいなさるでね。
プラスの見方は赤で、マイナスの見方は青で表現しています。

Q

5　板書を見やすくするためにはどうしたらよいですか？

A　見出しを付けて箇条書きにしたり、行間や余白を工夫したりしましょう。

①見出しを付けて箇条書きしたり、項目ごとに整理したりしましょう。

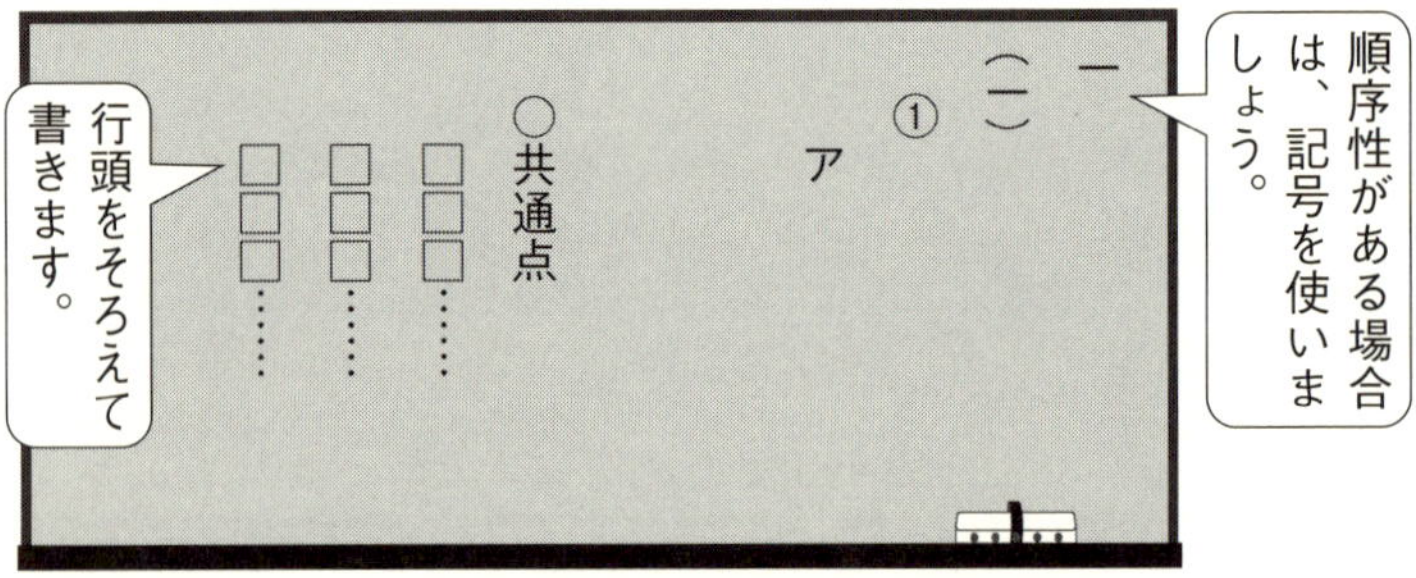

②行間の広さを変えたり余白をとったりしましょう。

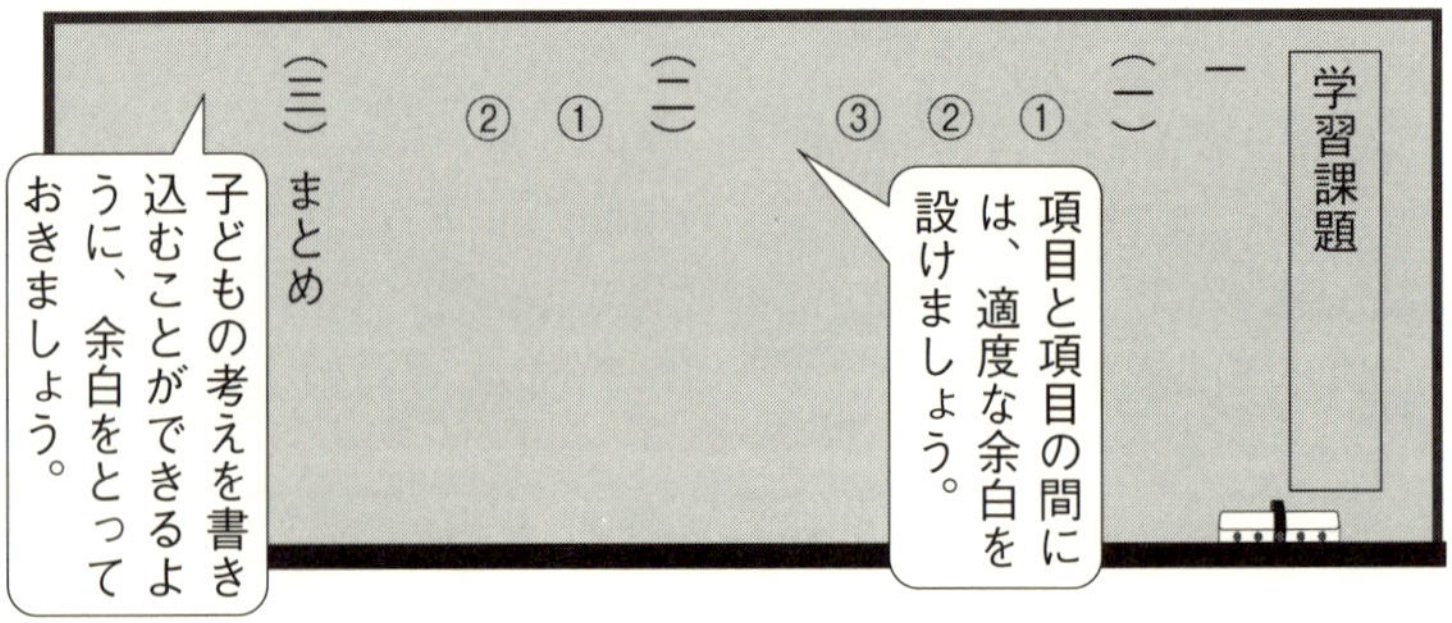

❶▼わかりやすい見出し

見出しには、体言止めで、活動形で、疑問形で、などいろいろな書き方がありますが、一番は学習内容に合わせて子どもがわかりやすく意欲が高まるものを選ぶとよいでしょう。

◇見出しの例

例1　主人公の気持ち

例2　主人公の気持ちがわかるところを見つけよう

例3　主人公の気持ちは、どうなのだろう

❷▼箇条書きのきまり

箇条書きの基本は、一項目一事項、キーワードで表すことです。行頭をそろえて書くと見やすくなります。また、順序性がある場合は、一、(一)、①、アの順に記号を使います。

❸▼行間や余白で考える余裕を

行間を広めにとったり改行したりすることによって、考える余裕をもたせることもできます。全体交流の後に、子どもの考えを書き込めるようにスペースをとっておくことも大切です。

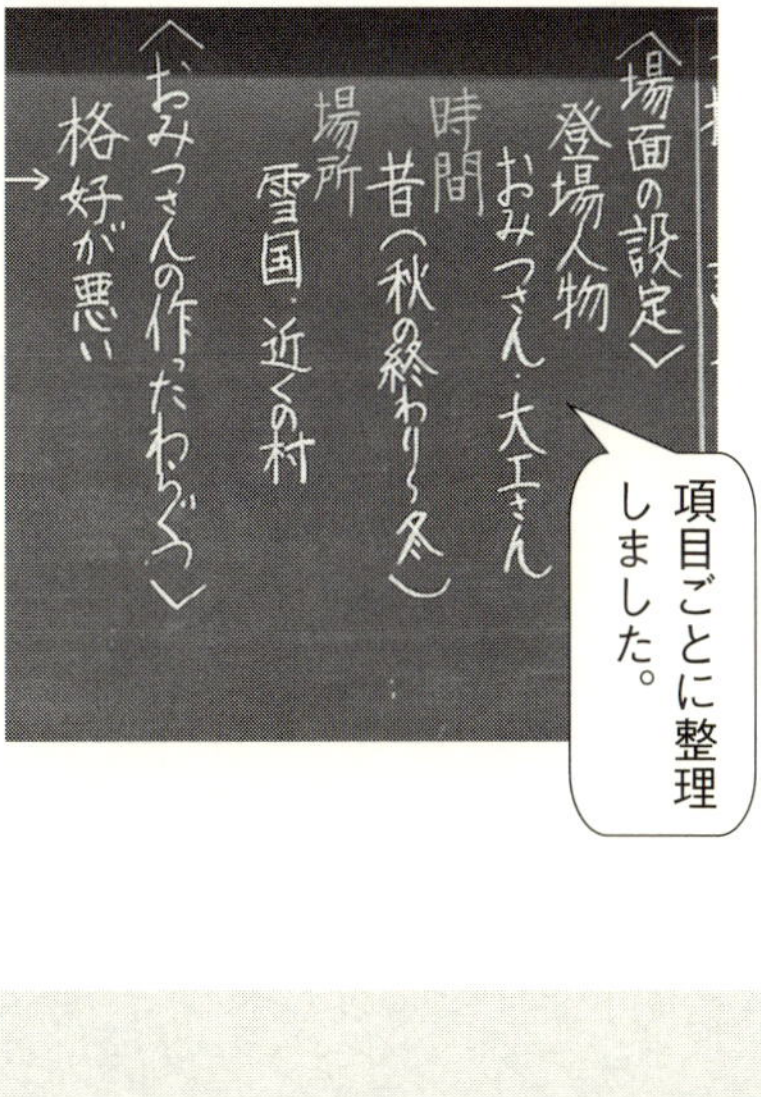

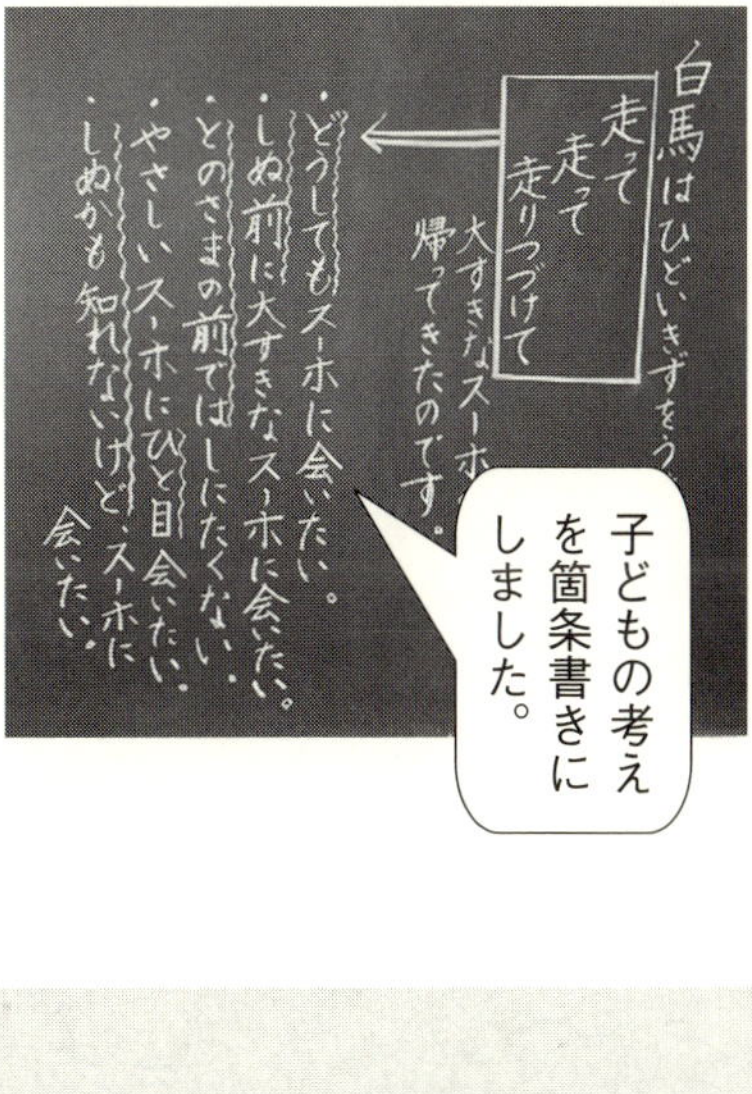

Q

6　強調するためにはどんな工夫をすればよいですか？

A　囲みを使って強調したり、線や矢印を効果的に使ったりするとよいでしょう。

①「学習課題」「まとめ」などを四角で囲んで、授業の流れを意識付けましょう。

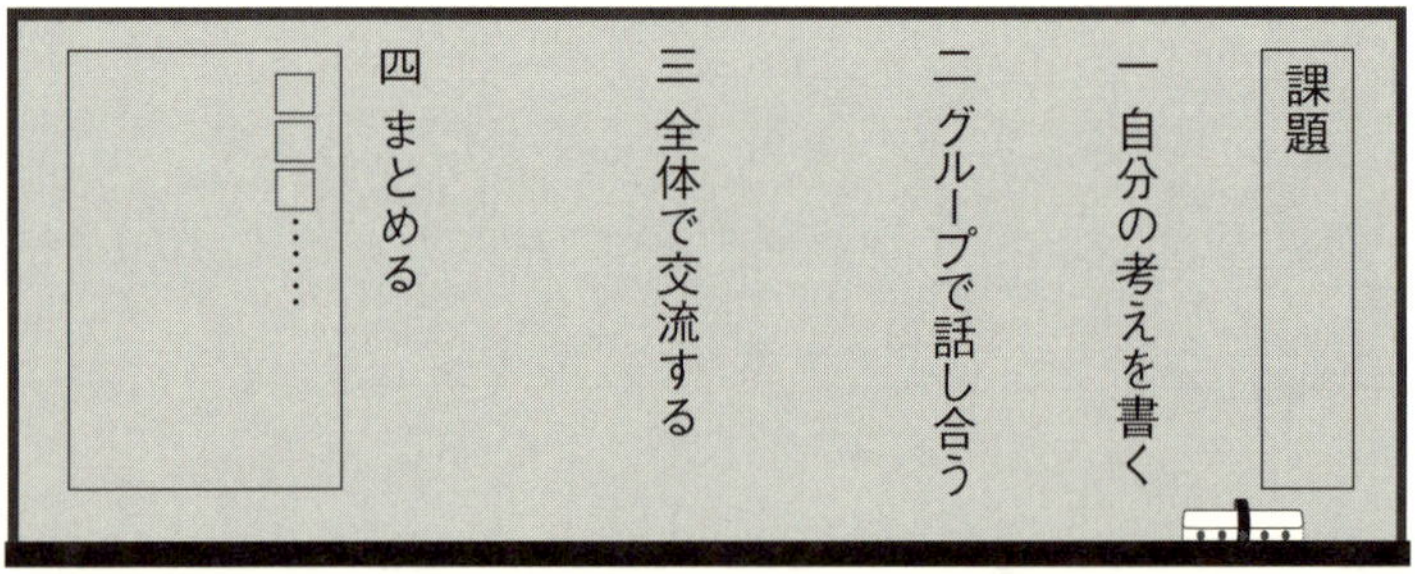

②授業の過程で、大事なことを囲んだり、線や矢印で関連付けて強調したりしましょう。

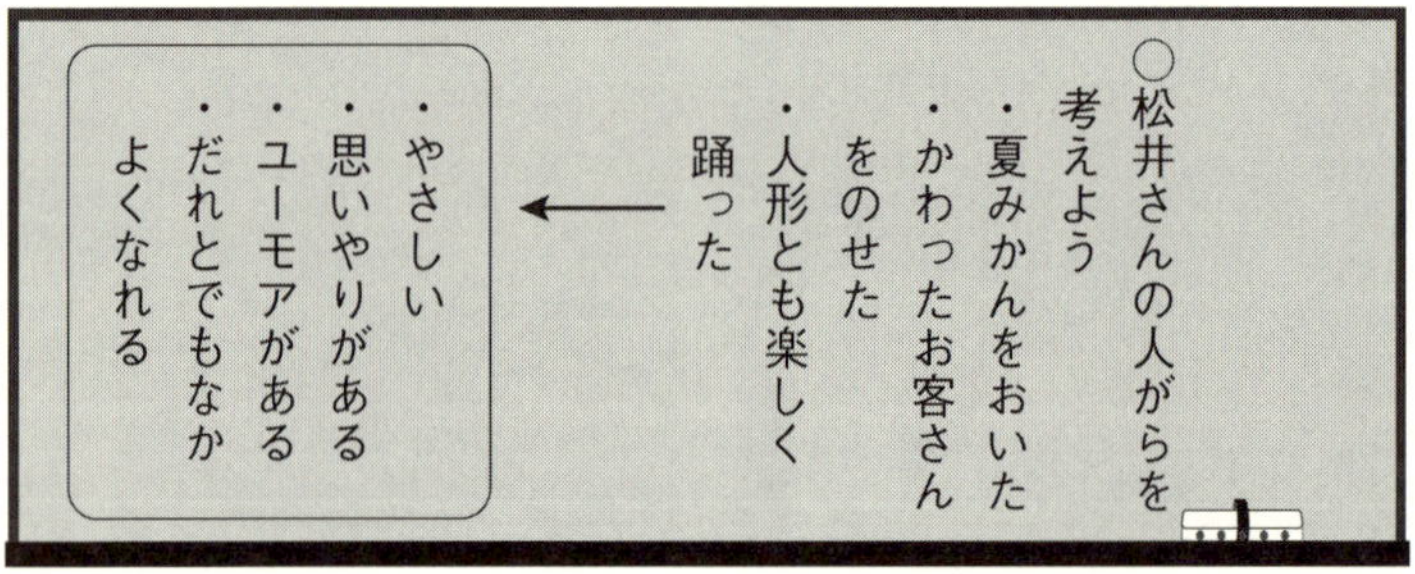

❶▼囲みで授業の流れと大事な点を際立たせる

「学習課題」「まとめ」など、何色で囲むか、学校として統一しておくと、子どもはどの学年になっても迷いなく授業を進めることができます。また、授業の過程で、強調したい点を囲んで際立たせたり、共通する考えをまとめたりするときにも囲みは有効です。ただ、あまり囲みが多すぎると混乱するので要注意です。

◇囲みの例

例１　課題とまとめを四角囲みで

例２　共通する考えをまる囲みで

❷▼線と矢印で考えを関連付ける

大事なところには、アンダーラインを引いて強調します。考えたい部分には、波線を引くなど、線の種類で思考を分類することも可能です。また、線でつなぐことによって関連性に気付かせたり、根拠と考えを矢印で結ぶことで思考の流れを意識させたりすることができます。囲みとアンダーラインを併用して強調する場合もあります。

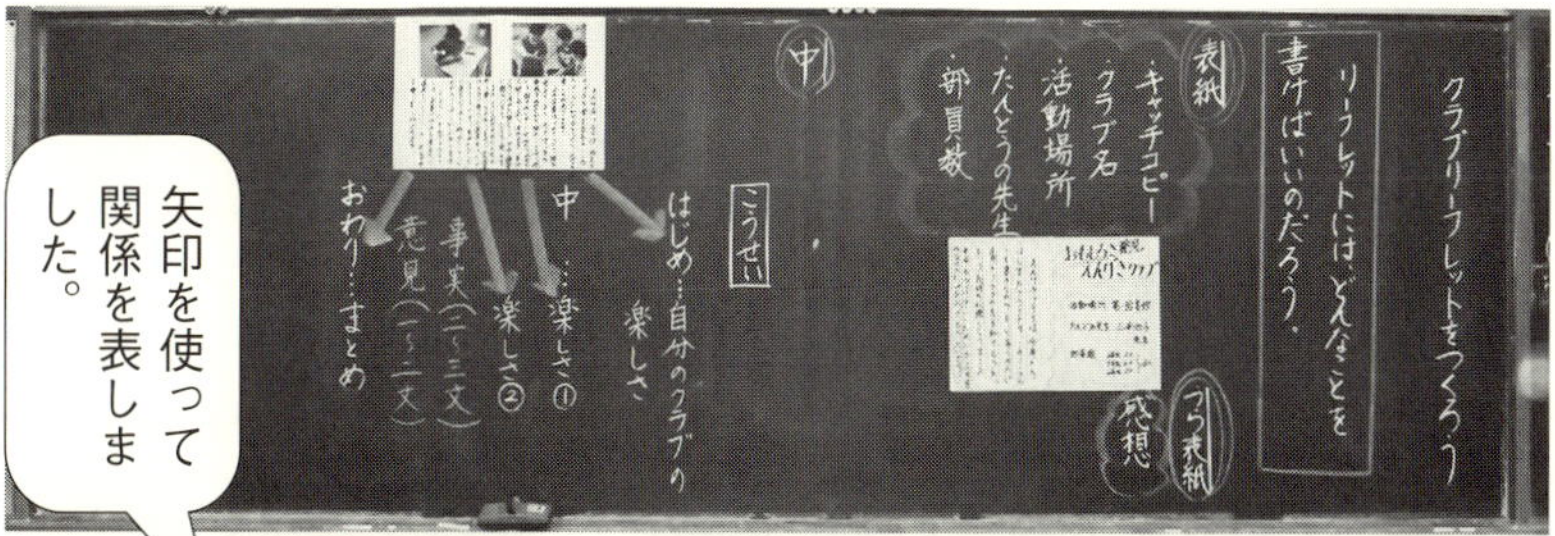

矢印を使って関係を表しました。

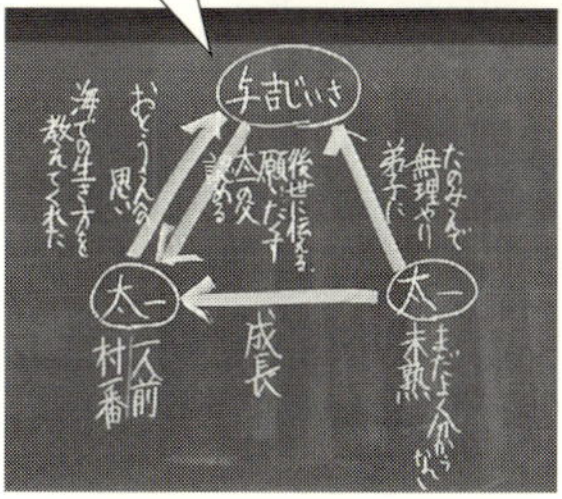

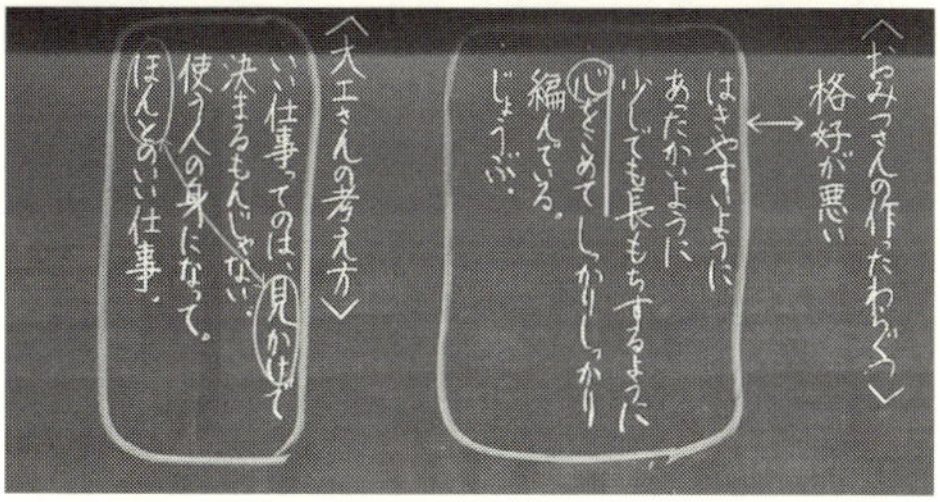

Q

7　吹き出しは、どんな時に使うとよいですか？

A　子どもが思ったこと、考えたこと、つぶやきなどを書き込みますが、その課題を追究する過程での「コツ」を書き込むことも効果的です。

①子どもの考えをどんどん吹き出しに書き出し、「自分も話したい」という意欲を高めましょう。

②吹き出しの形や色を変えて、想像を広げたり、考えを深めたりしましょう。

❶▼自分の考えが板書されることによる意欲の高まり

子どもたちは、自分の考えが板書されるととても喜びます。たくさんの考えを引き出したいときには、どんどん吹き出しに書き出し、もっと話したいという意欲を高めましょう。

❷▼吹き出しの形と色で思考の整理

丸い吹き出し、もくもくの吹き出し、キザギザの吹き出しや色のきまりをつくって使い分けることで、想像を広げたり、考えを深めたりすることに役立つことがあります。

◇吹き出しの使い方例

例1　丸は言ったこと　もくもくは想像したこと

例2　赤は楽しみなこと　青は心配なこと

❸▼ポイントのメモにも使える吹き出し

「まとめかたのポイント」など、書き残しておくと後で役に立ちそうなことを吹き出しに書いておくと、ちょっとした意識付けになります。この場合、チョークの色を変えるとより効果的です。

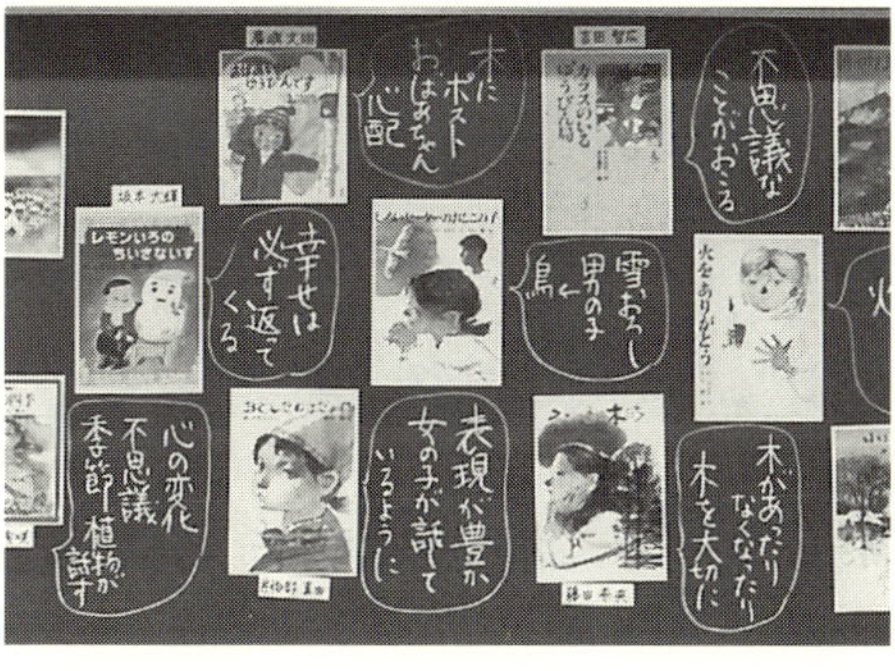

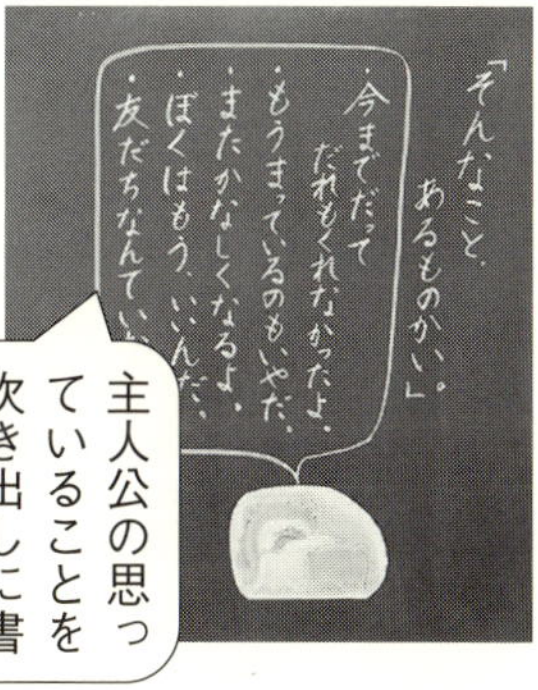

主人公の思っていることを吹き出しに書きました。

Q

8　板書の消し方には何かきまりがありますか？

A　消す時は上から下へ、間違ったときには1文字全部を消します。

①「消す時は上から下へ」の原則を子どもたちにも教えましょう。

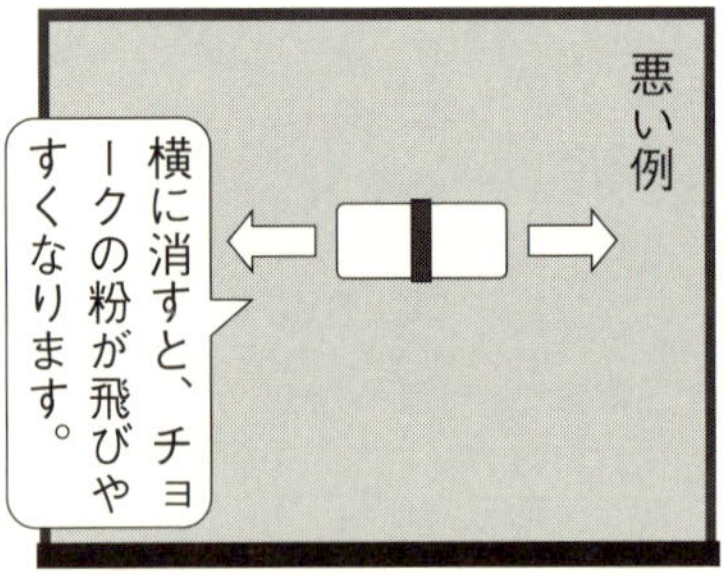
悪い例
横に消すと、チョークの粉が飛びやすくなります。

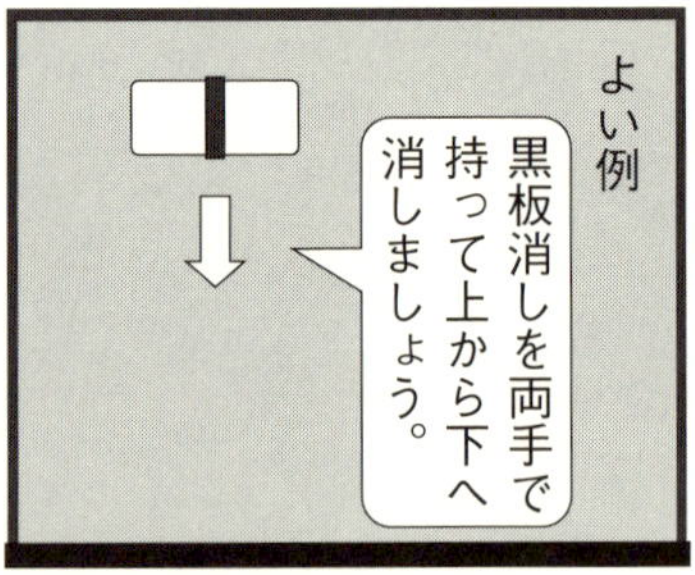
よい例
黒板消しを両手で持って上から下へ消しましょう。

②間違ったときには、一文字全部を黒板消しを使って消しましょう。

指では消さないようにしましょう。

たとえ一画の間違いでも、一文字全部を消して直しましょう。

❶ 粉が飛び散らない「上から下へ」

板書を消すときに、思わず左右に黒板消しを動かしてしまうことが多いのではないでしょうか。そうすると、消した後のチョークがまわりに飛び散ってしまいます。黒板消しを上から下へ動かすとチョーク受けに消した後の粉が落ちてきれいに消すことができます。係の子どもたちが黒板を消すことも多いと思われますので、黒板の消し方を指導しておくとよいでしょう。子どもたちは両手で持って消すとよいようです。

❷ 消すことで思考を促す

基本的には、授業中には板書を消しませんが、あえて部分的に消していく方法もあります。例えば、詩の一部を消して、自分ならどんな言葉を入れるかを考えさせたり、暗唱の途中で少しずつキーワードを消していったりする方法もあります。

これはNG！

・間違った一画のみ消して直す　・指で消す
・考えている途中で消す

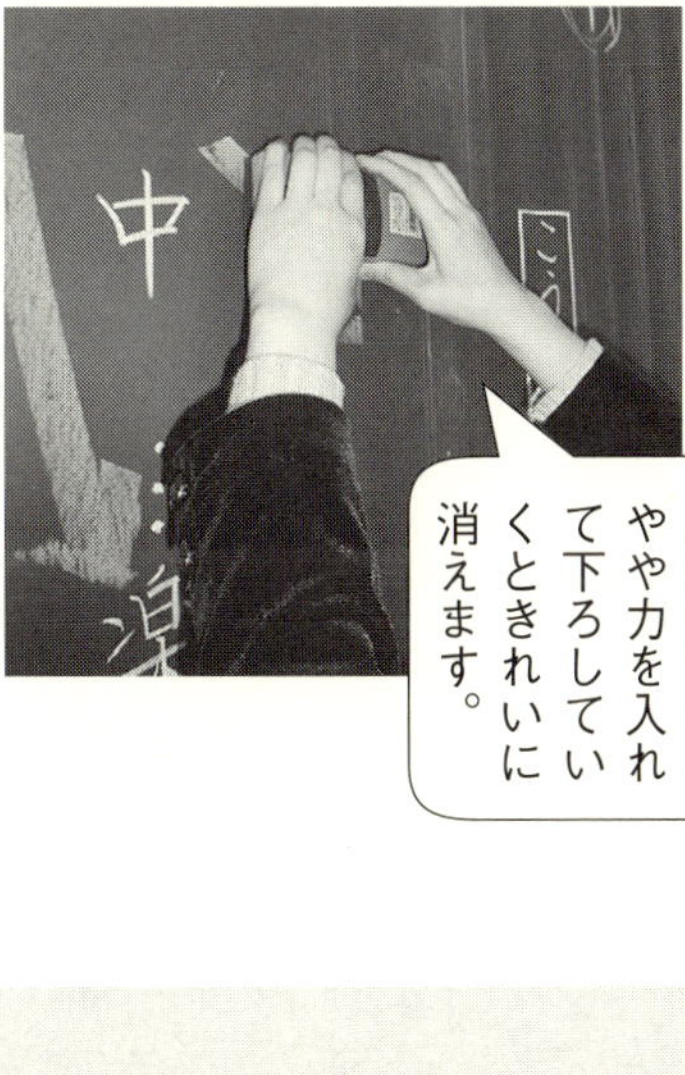
上から下へ、やや力を入れて下ろしていくときれいに消えます。

横方向に消すと、白く残ってしまいます。

Q

9　図や絵や写真はどんな時に使うと効果的ですか？

A　課題にかかわる事象を具体的に示して意欲を高めたり操作を通して思考を促すときに効果的です。

①国語科でも具体的な図、絵、写真を提示することで、イメージを広げ意欲を高めましょう。

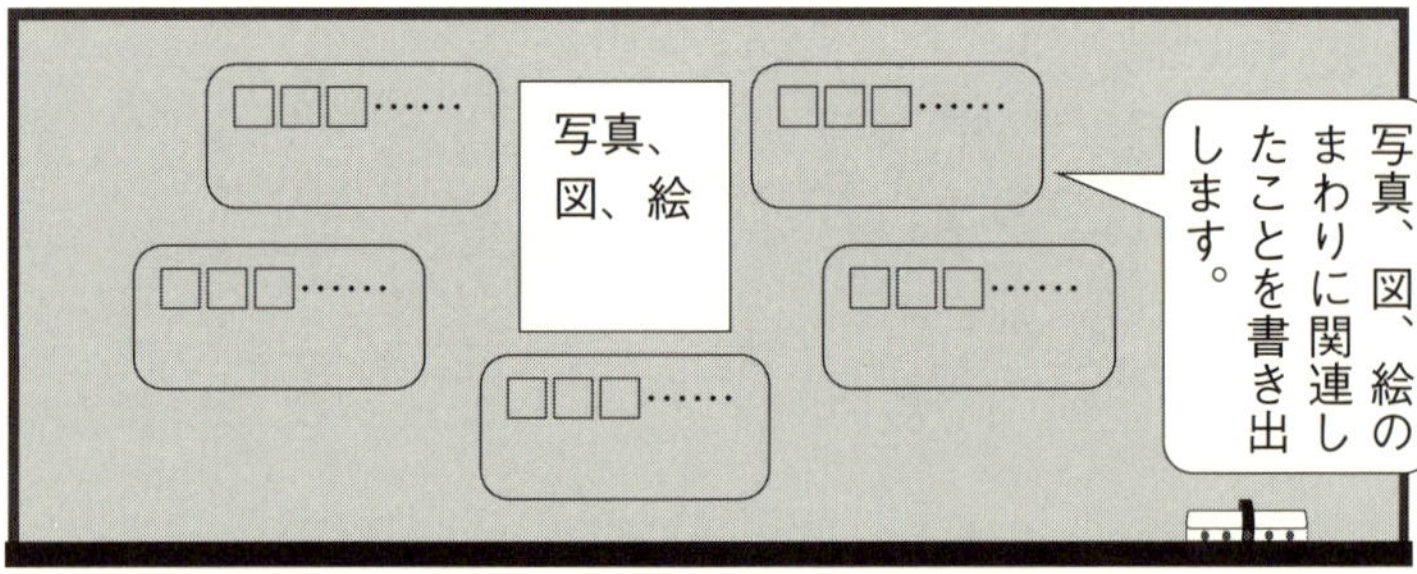

②人物同士の関係を考えるときなどに、人物や場面の写真を用いて思考を促しましょう。

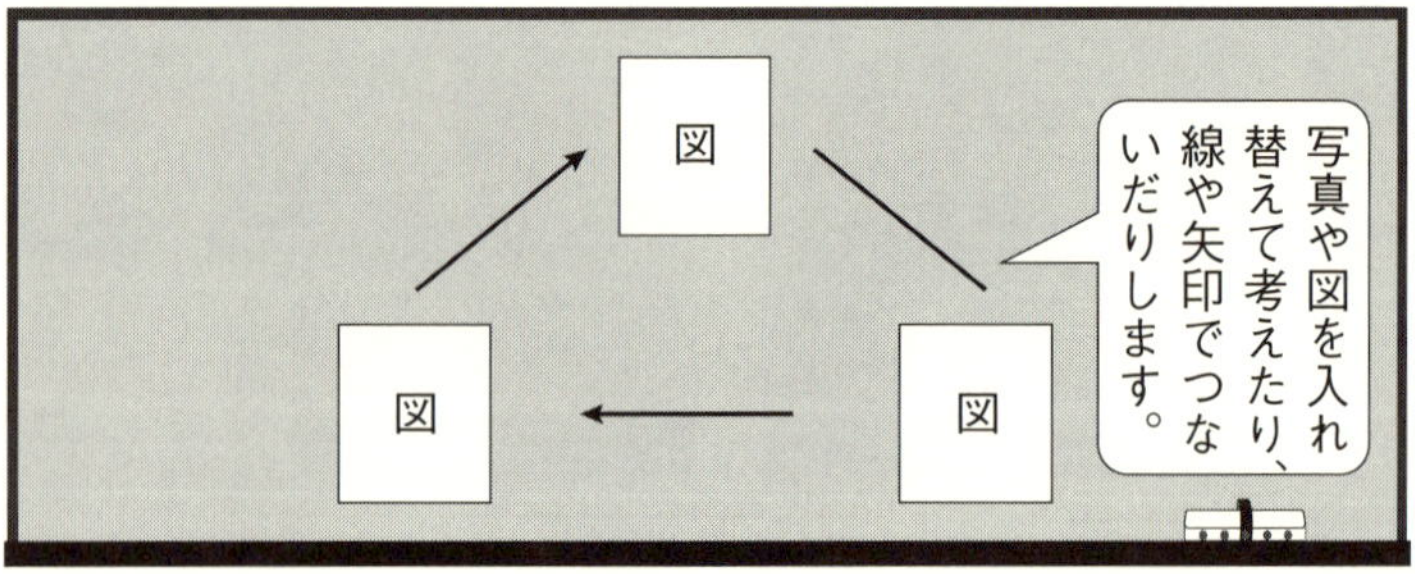

❶ イメージを広げて意欲を高める

国語科の学習でも、図や絵、実際の写真を提示することによって、イメージが広がり学習意欲が高まります。特に、単元の導入で、視覚的に訴えると効果があります。

◇提示例

例1　導入で人物の写真を提示する
例2　既習の学習材の挿絵を提示する
例3　並行読書の本の表紙を提示する

❷ 操作による効果

単元の途中でも、登場人物の写真や絵、挿絵などを提示したり、それを操作したりすることによって、より思考が促されます。登場人物相関図などを作成する場合には、写真を置く位置を操作することが人物同士の関係を考えることにつながります。場面ごとの挿絵は、人物の心情の変化とも関連付けると、より効果的です。

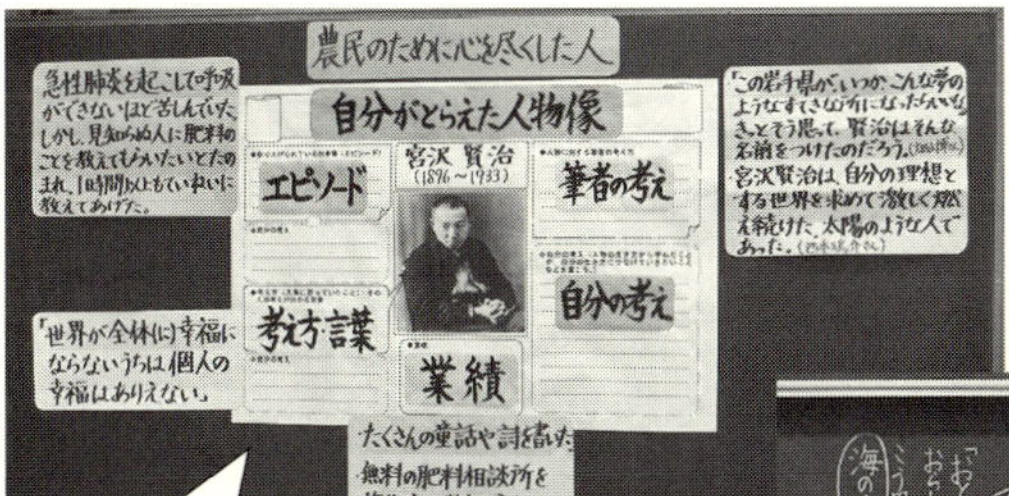

写真を提示して、そのまわりに項目を整理しました。

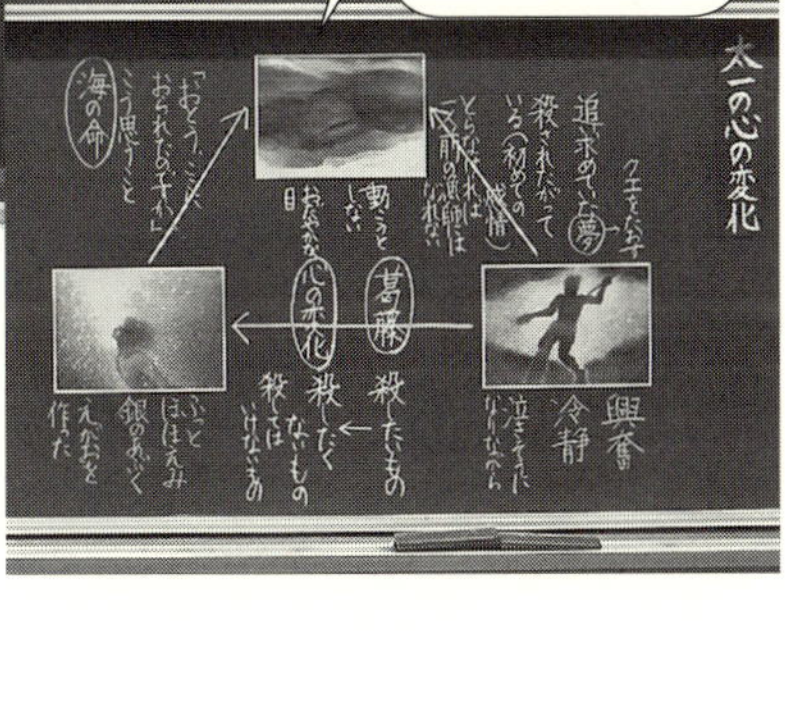

挿絵を提示することによって、その場面を浮かび上がらせます。

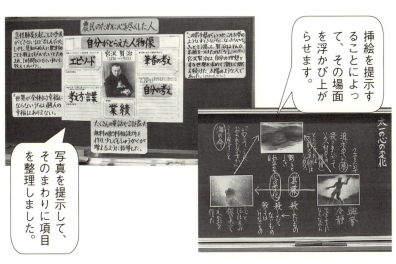

Q

10　カードや画用紙、模造紙の使い方を教えてください。

A　カードには、子どもの考えや観点、項目などを書きます。また、モデル提示や全文提示の際には、模造紙が便利です。

①カードに子どもの考えを書き出して、分類・整理しましょう。また、観点や項目を書いておくと便利です。

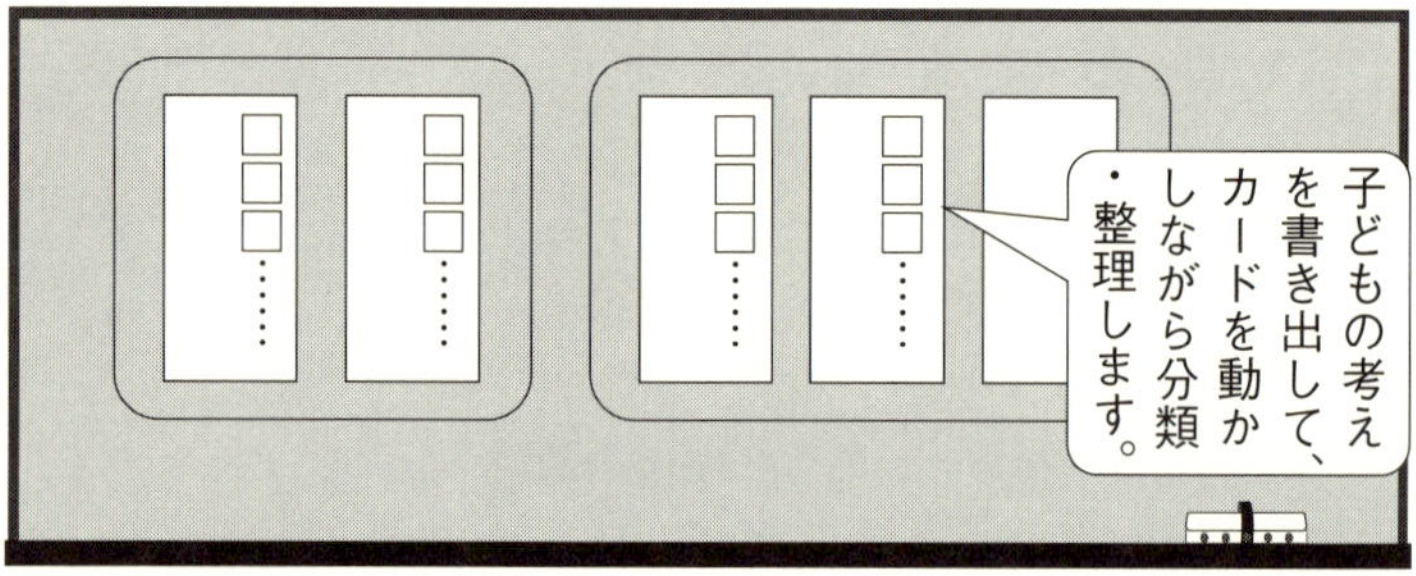
子どもの考えを書き出して、カードを動かしながら分類・整理します。

②モデル提示や全文提示のために予め準備しておき、その後の学習でも活用しましょう。

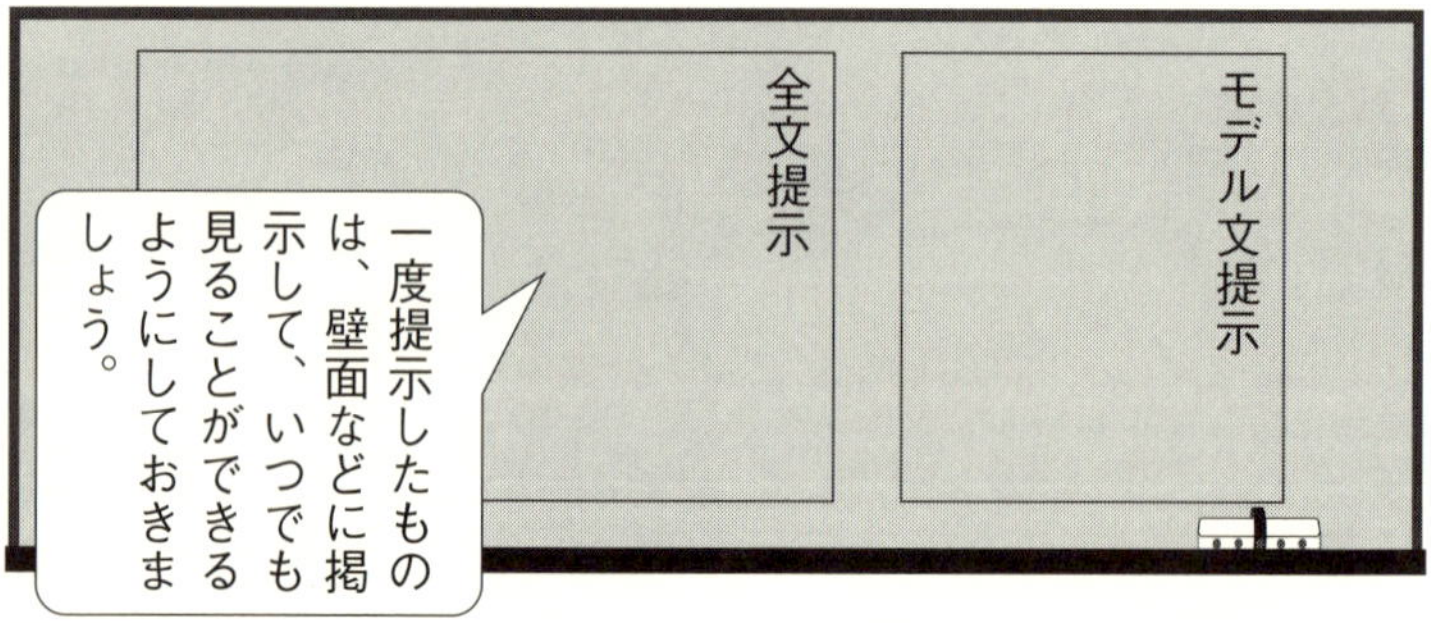
モデル文提示
全文提示
一度提示したものは、壁面などに掲示して、いつでも見ることができるようにしておきましょう。

❶ カードを使って分類・整理

子どもたちの考えをカードに書き出し、全体で分類・整理したり、子どもたち自身が書いたカードを分類しながら黒板に貼っていったりします。分類した後は、まとまりごとに見出しを板書していきます。

カードを使う上で注意しなければならないのは、予想される反応をカードに準備しておいたときに、それにこだわりすぎないということです。あくまで子どもたちの考えを尊重することが大切です。

◇カードの使用例

例1　追究したい課題を書き出す
例2　取材したことを書き出す
例3　読みの観点や項目を書き出す

❷ 単元全体で使うモデル文、全文提示

モデル文や全文を予め準備しておいて提示すると、時間短縮になるだけでなく、壁面等に掲示することによって、その後の学習にも生かすことができます。

Q

11　ネームプレートの活用法を教えてください。

A　ネームプレートを貼ることで、誰がどんな考えをもっているのか可視化され、意欲を高めることにつながります。

①子どもの発言を板書して、ネームプレートを添えましょう。

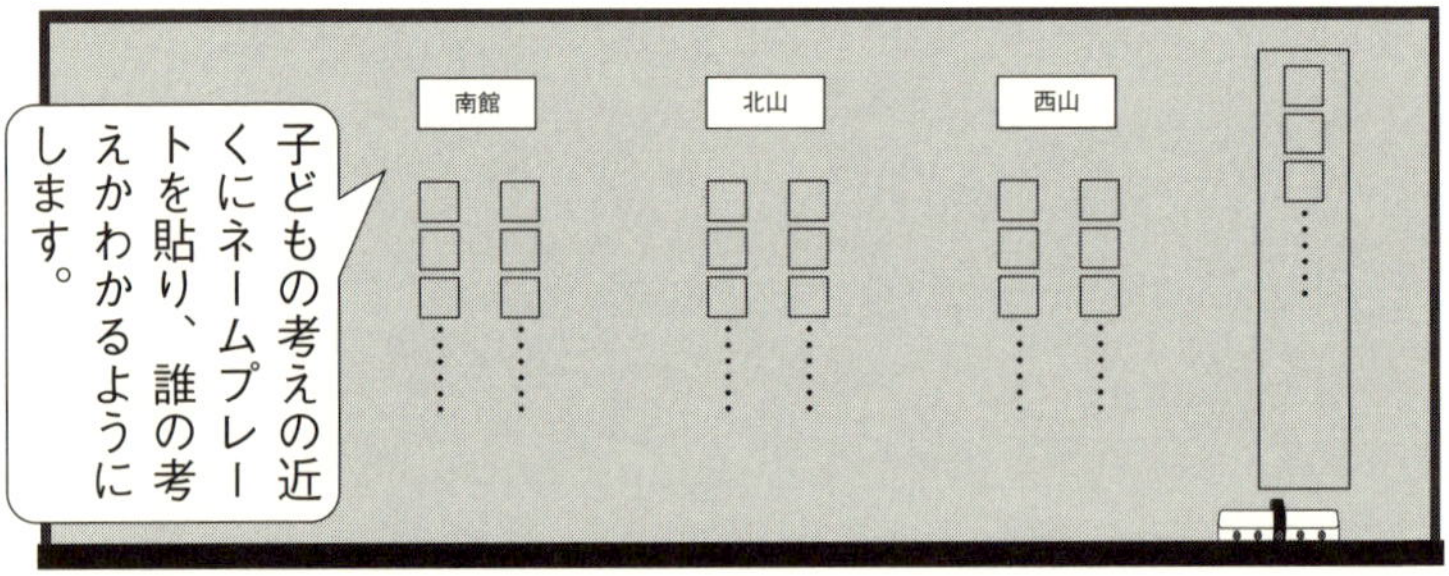

②子ども自らが選んだ項目にネームプレートを貼って、だれがどんな考えをもっているのかが見えるようにしましょう。

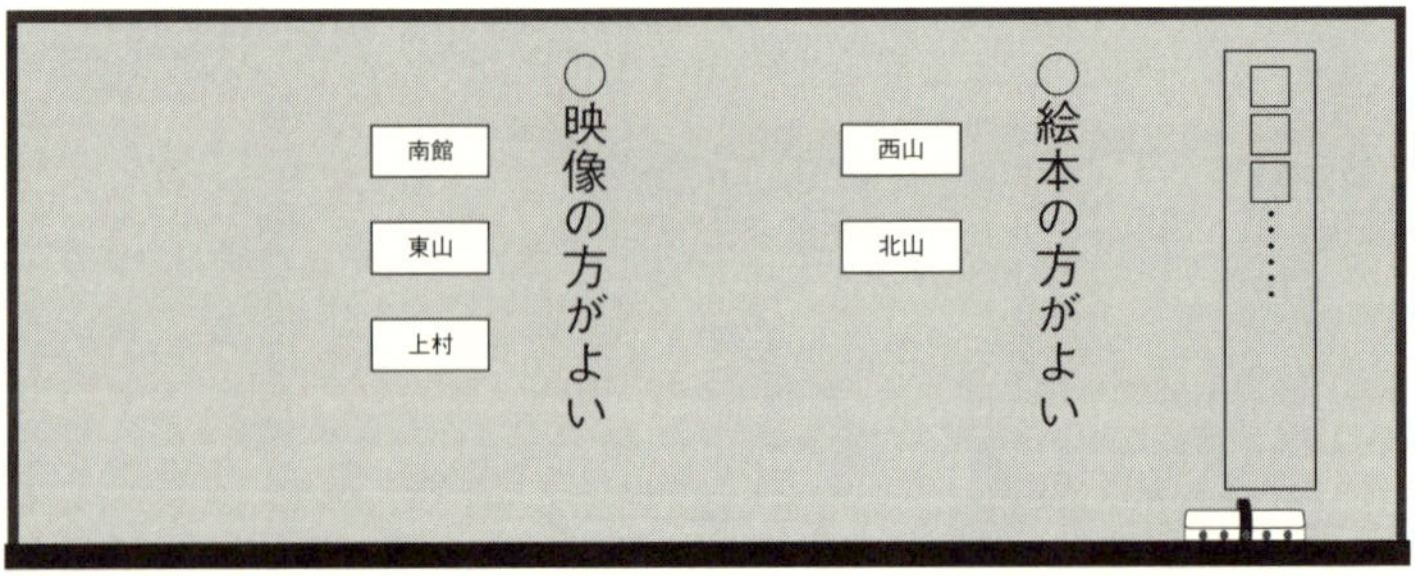

❶▼ネームプレートの作成でいつでも

子ども全員分のネームプレートを作成しておくと、とても便利です。各教科で、一人一人の考えが見えるように有効に活用しましょう。

◇ネームプレートの使用例

例1　子どもの考えの近くに貼る

例2　子ども自身が自分が選んだ項目の近くに貼る

❷▼ネームプレートの活用で全員参加の意識付け

自分の名前が黒板に貼られることによって、その子ども自身も意欲が高まります。また、どの子どもがどの考えをもっているのかが明確になり、お互いの考えを知ることにつながります。さらに、考えが分かれる場合、子どもたちが自己決定する場をつくることになり、全員が参加するという意識付けをすることにもつながります。

◇ネームプレートの作り方

・マグネットシートに油性ペンで直接名前を書く

・名前を書いた用紙をラミネートして裏にマグネットを貼る

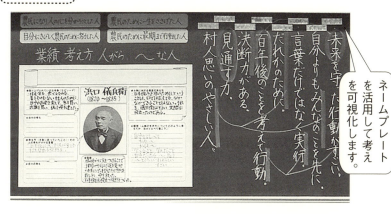

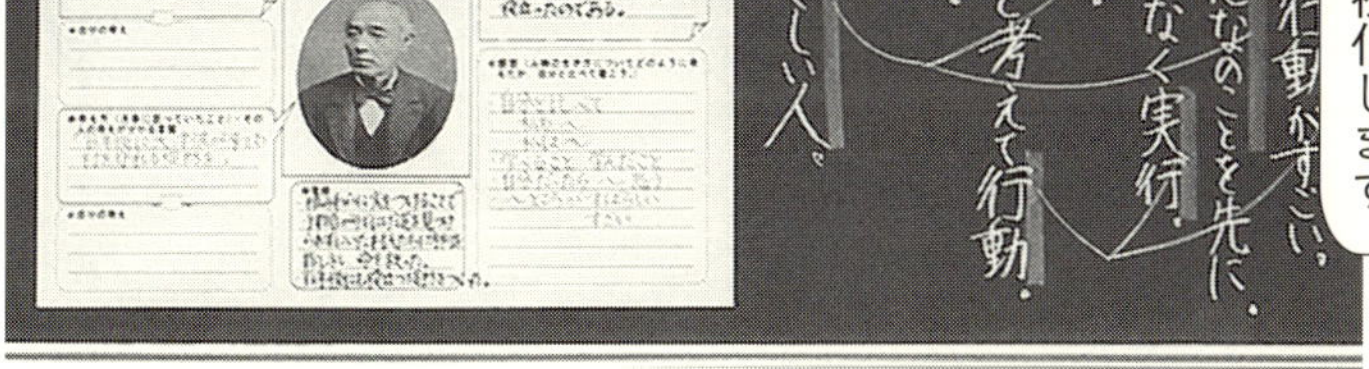

ネームプレートを活用して考えを可視化します。

Q

12 子どもたちが目を引く板書の工夫はありますか？

A 記号やマーク、キャラクターなどを効果的に使うと、わかりやすく楽しい板書になります。

①記号やマークを使って、大事な点を意識付けたり、見やすい板書にしたりしましょう。

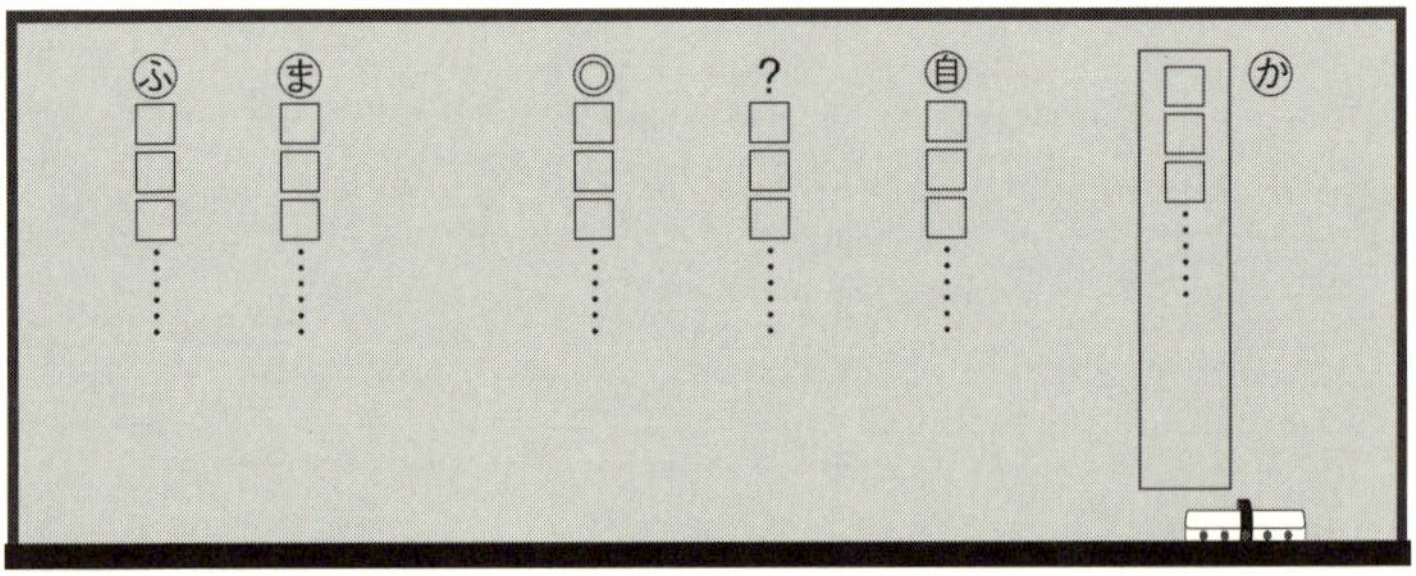

②キャラクターを使って、「ふりかえり」をしたり、授業の進度を確かめたりしましょう。

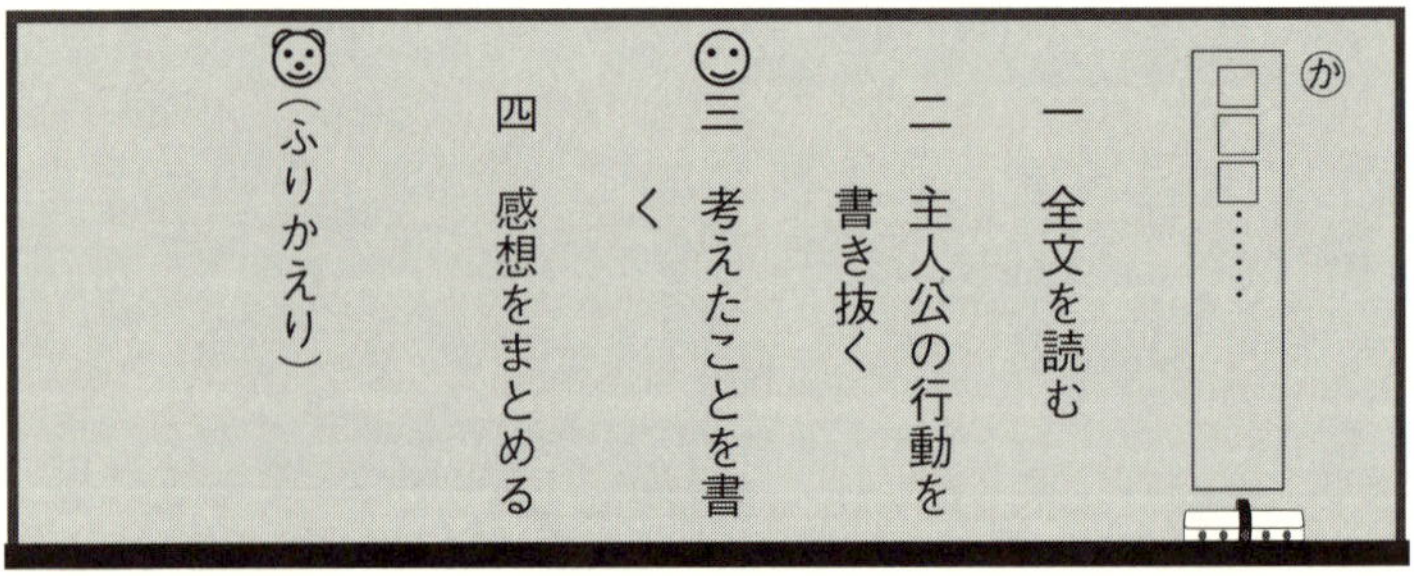

❶ 記号やマークでわかりやすく時間短縮に

記号やマークの約束を決めておくと、大事な点を目立たせることができるだけではなく、板書の時間を短縮することもできます。板書は子どものノートにも連動しているので、子どもがノートに書く時間も短縮できるというよさがあります。ただし、あまり記号を使いすぎないように、必要な記号を選ぶことも大切です。

◇記号やマークの使用例

◎……大事なこと　☆……ポイント
㋕……学習課題　㊉……自分の考え
㋮……まとめ　㋫……ふりかえり
！……驚いたこと　？……疑問に思ったこと

❷ キャラクターで楽しく学習を

学級で学習キャラクターを考えるのも楽しいものです。振り返りにいつも登場する「ふりかえるくん」、国語で学習したことを他教科や普段の生活に活用する「つかえるちゃん」など、アイデアを出し合って楽しく学習を進めましょう。

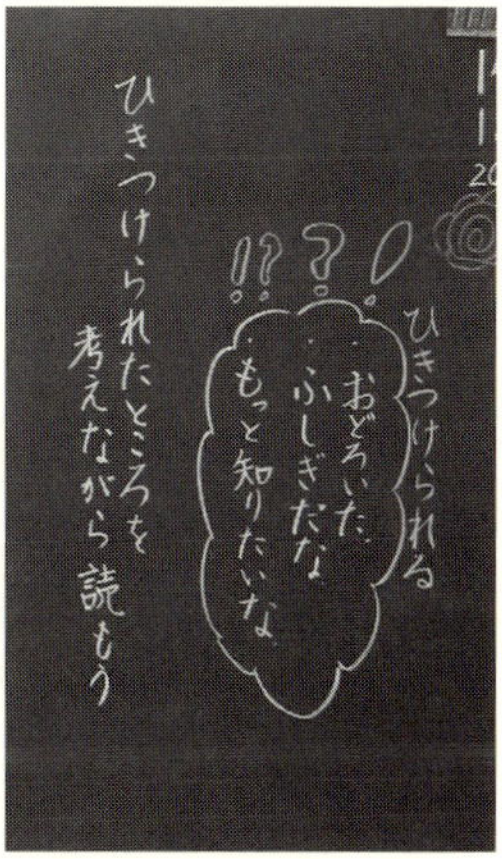
ひきつけられる
おどろいた
ふしぎだな
もっと知りたいな
ひきつけられたところを考えながら読もう

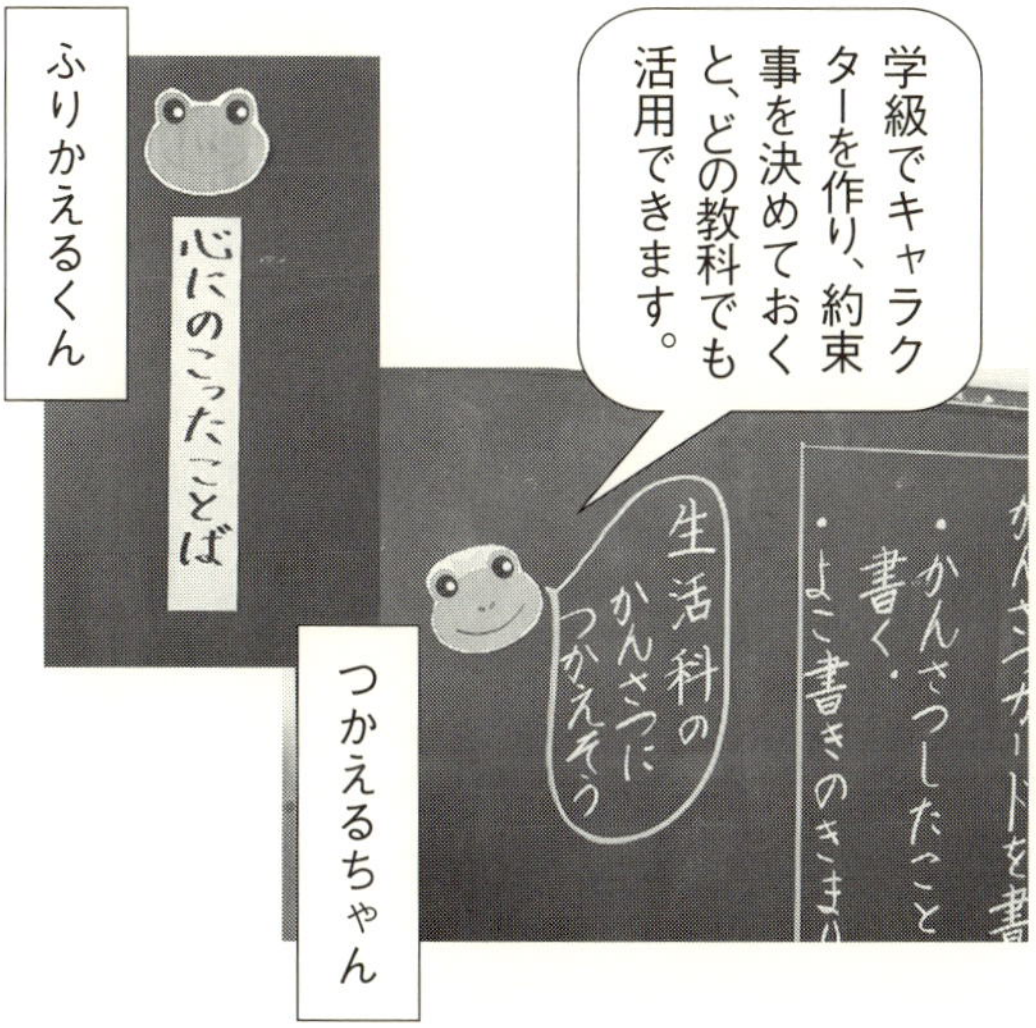
学級でキャラクターを作り、約束事を決めておくと、どの教科でも活用できます。
ふりかえるくん
心にのこったことば
生活科のかんさつにつかえそう
かんさつしたこと書く。
つかえるちゃん

Q

13　短冊黒板や小黒板、マグネットシートはどんな時に使うと効果的ですか？

A　短冊黒板は、課題や読みの視点を示すのに便利です。小黒板やマグネットシートは、グループで話し合った考えをそのまま黒板に貼ることができます。

①短冊黒板に、単元の課題を書いておいたり、読みの視点を書いておいたりすると、単元全体で使えるだけでなく、子どもの意識付けにもなります。

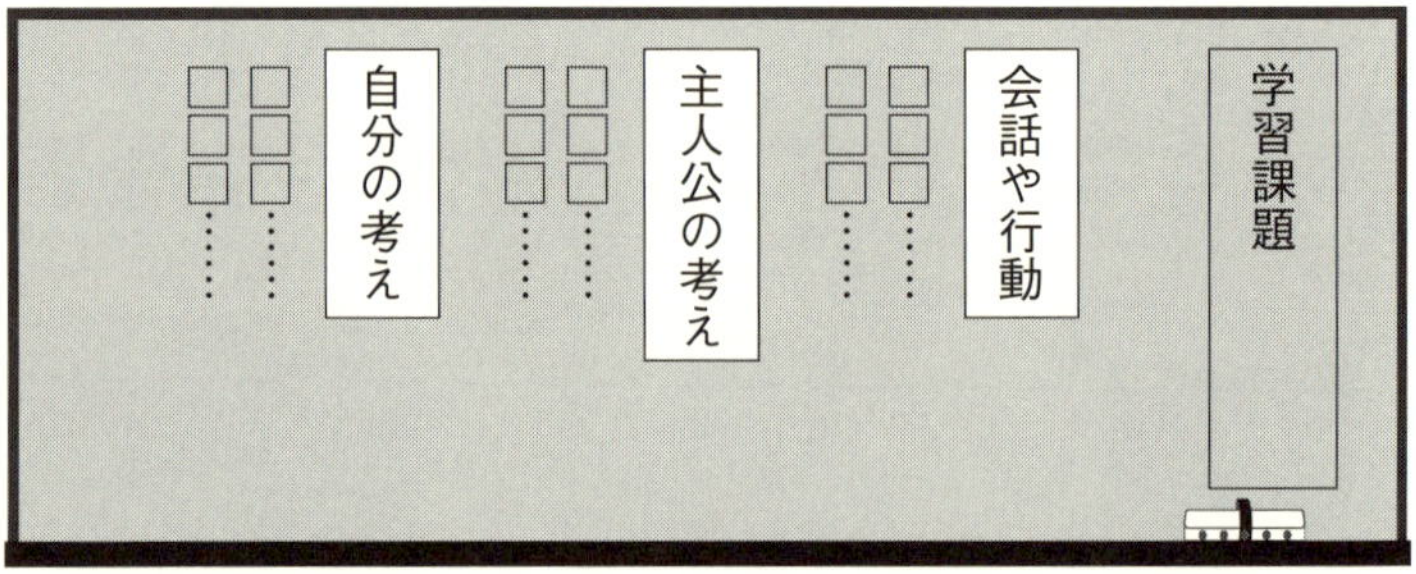

②グループで話し合った考えを小黒板やマグネットシートに書き、それを分類しながら黒板に貼っていくと考えが整理されます。

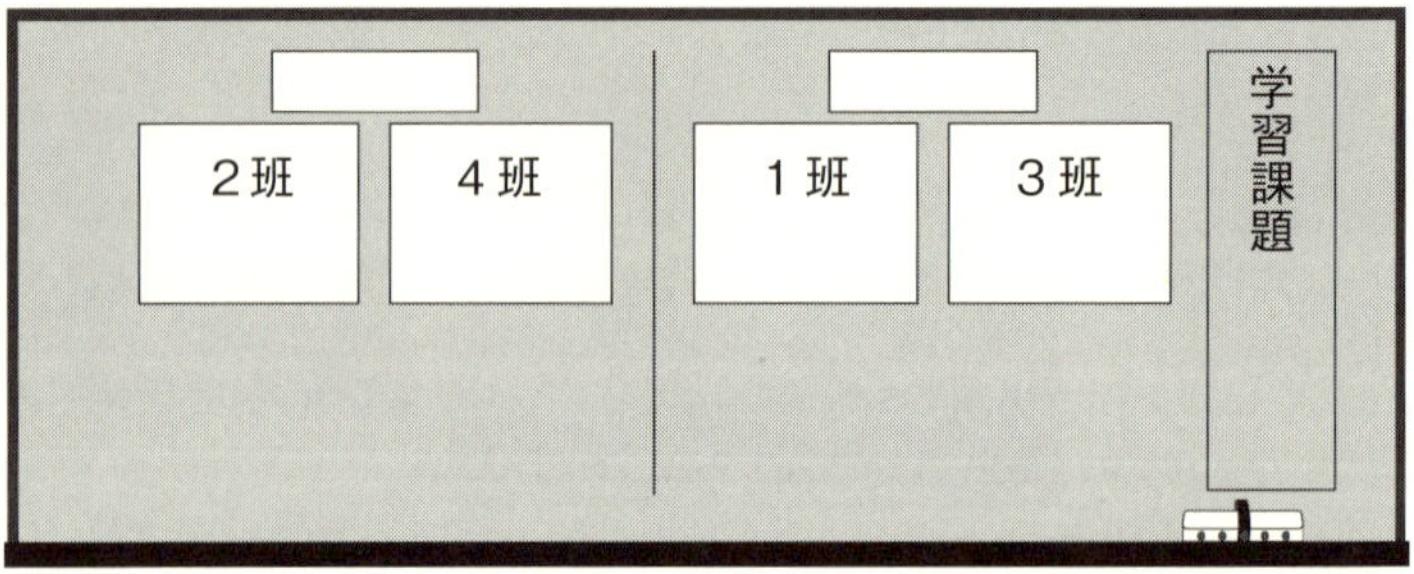

❶▼短冊黒板で課題や視点の意識付けを

単元の学習の中で生まれた課題や学級で話し合った読みの視点を短冊黒板に書いておくと、次の時間にも活用できます。毎時間書く時間を短縮できるだけでなく、繰り返し使うことによって、知識の定着にも役立ちます。

❷▼小黒板やマグネットシートで深まる考え

小黒板やマグネットシートを準備しておくと、グループで話し合った考えをすぐに書けるという点でとても便利です。そして、それを児童自身が黒板に分類しながら貼っていくと、「貼る」という活動に思考が生まれます。さらに、分類したことをもとに、なぜそのように考えたのかを話し合うことで、お互いに考えを深めたり広げたりすることができます。

こんな小道具も！

・色画用紙をラミネートしたもの
・吹き出し型に切った画用紙をラミネートしたもの

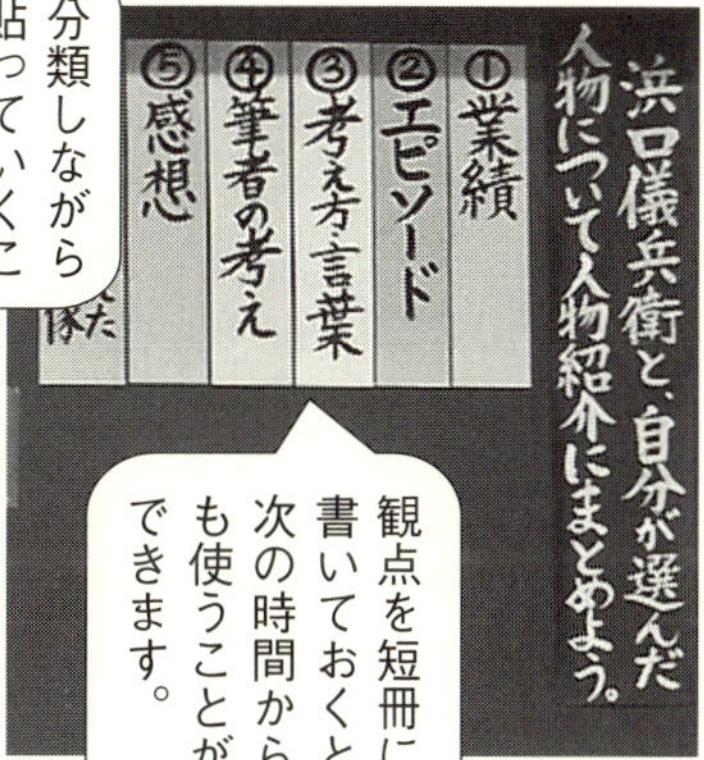
浜口儀兵衛と、自分が選んだ人物について人物紹介にまとめよう。
①業績
②エピソード
③考え方・言葉
④筆者の考え
⑤感想
観点を短冊に書いておくと、次の時間からも使うことができます。

分類
分類しながら貼っていくことで思考が生まれます。

Q

14　教室の側面や背面、移動黒板の活用法を教えてください。

A 単元計画、全文提示、前時までに押さえた事項、語彙や学習用語など、単元全体または次の学習に生かしていくものを掲示します。

①教室の側面や前面には、単元計画を掲示して見通しをもった学習を進めましょう。全文提示など、その単元のみで使うものは、移動黒板や側面などに掲示するとよいでしょう。

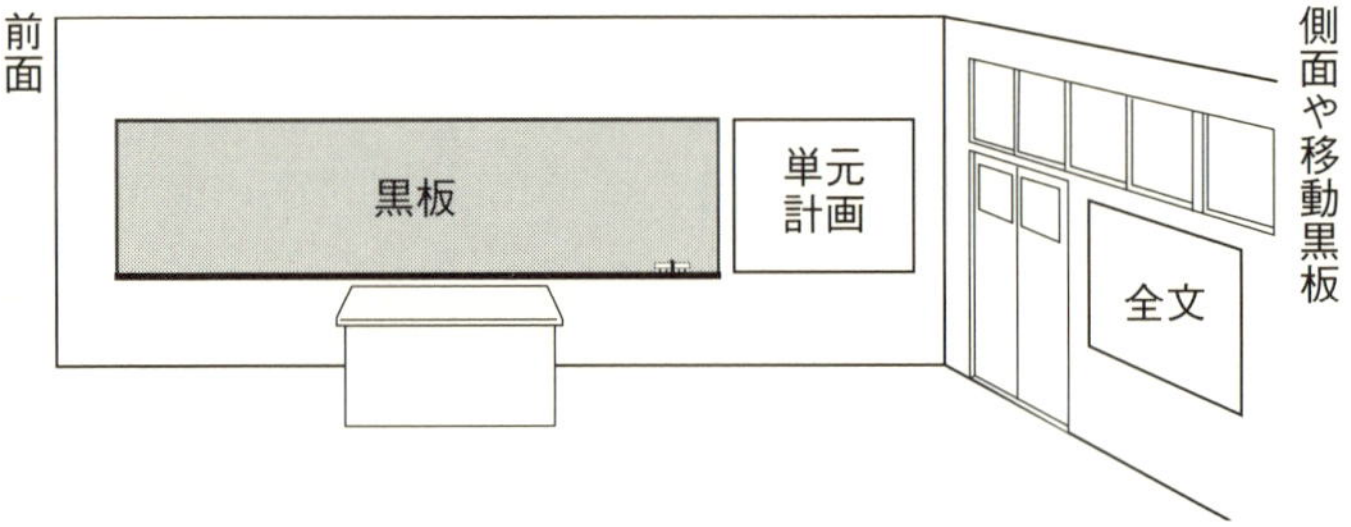

②その単元だけではなく、次の学習にも生かしていくものは、教室の側面や背面に掲示しておくと、いつでも振り返って活用することができます。

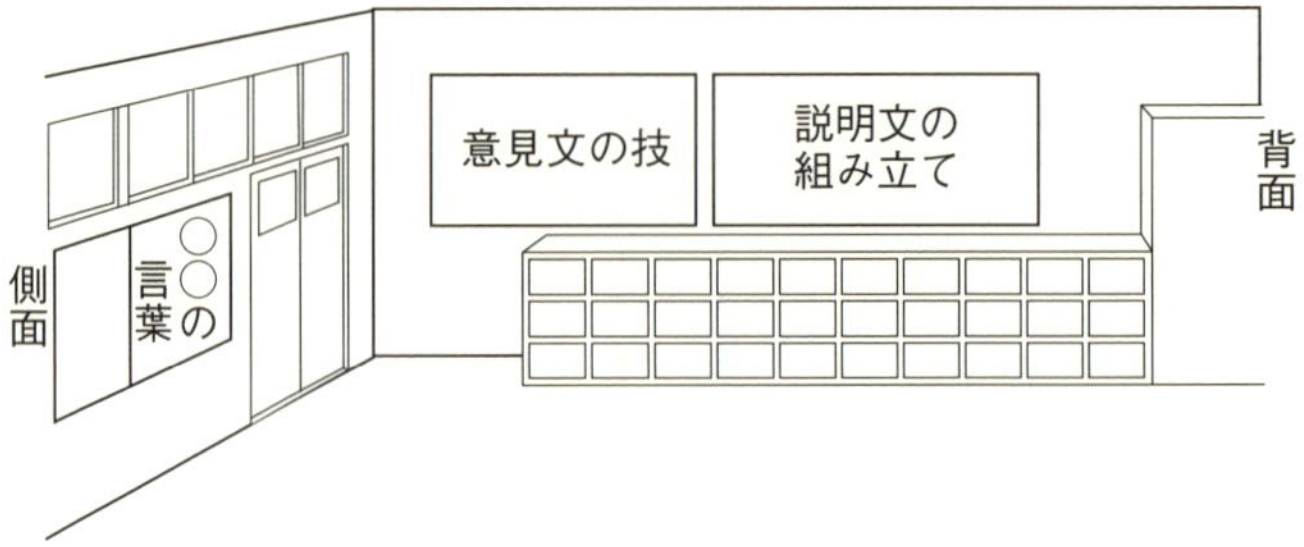

❶ 単元の流れの把握に

単元計画を掲示することによって、見通しをもって主体的に学習を進めることが可能となります。また、その単元で学習した内容や学習方法を掲示しておくと、次の単元だけでなく、他教科でも活用することができます。

❷ 短期の掲示と長期の掲示を分ける

その単元だけで使う掲示物とその後も掲示して活用するものを分けます。単元計画を掲示する場所は固定しておくとよいでしょう。そして、新しい単元に入るときに貼り替えます。音読の仕方、説明文の組み立て、語彙などは、残しておきたい物です。その場合は、授業で使った後に、側面や背面に移動させて掲示しておきます。側面上方に学習した単元の順に掲示しておくと、学びの足跡としても残すことができます。

掲示のアイデア

・「学習方法」はピンク、「語彙」はブルーなど色を決める
・一年間の学びの足跡を掲示するために、四つ切り画用紙の大きさに統一して書いて、掲示していく

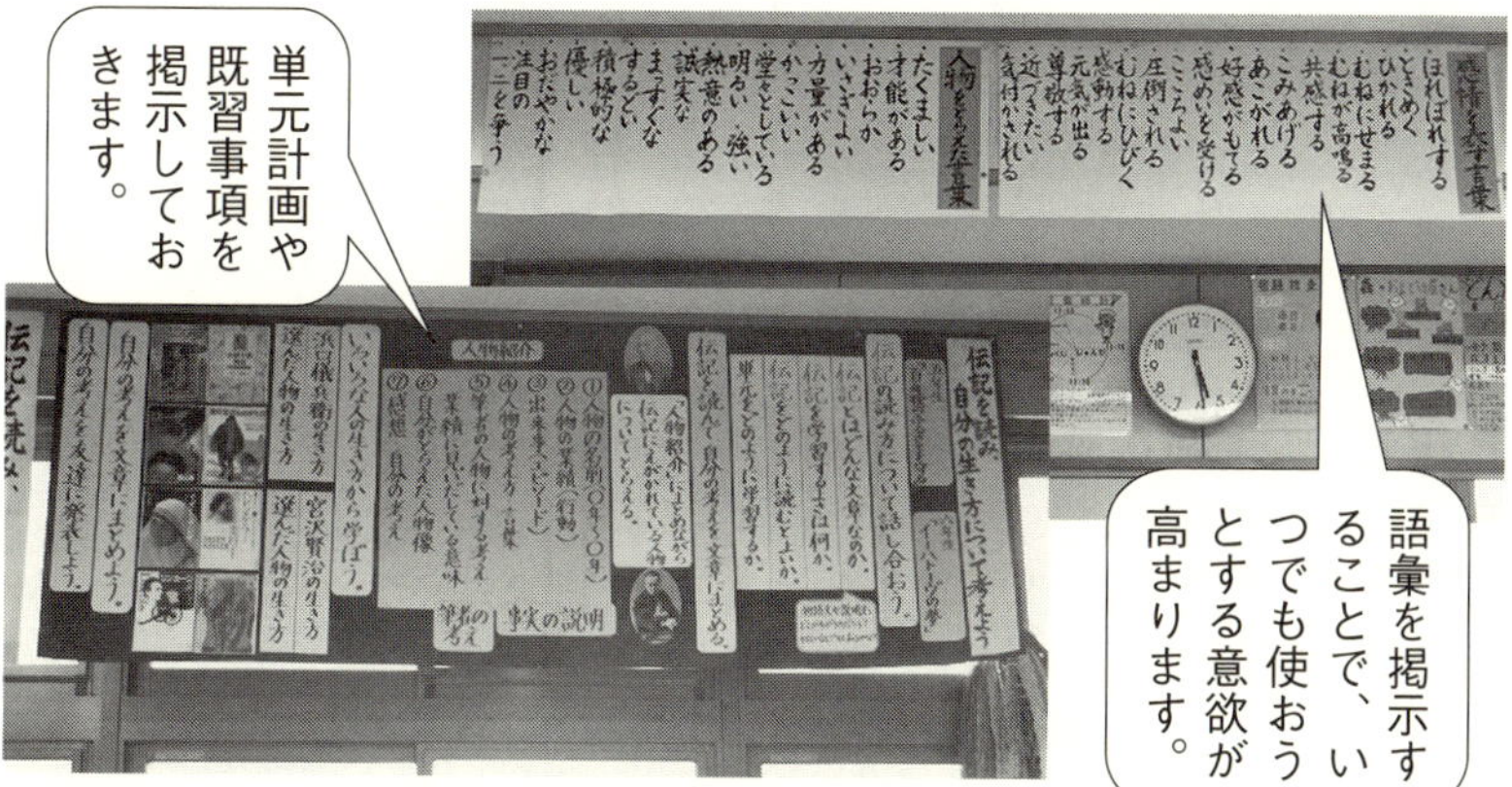

単元計画や既習事項を掲示しておきます。

語彙を掲示することで、いつでも使おうとする意欲が高まります。

Q

15　電子黒板は、どのような時に使うと効果的ですか？

A　学習材の提示をしたり、子どもの学習の過程や考えを全体に知らせたりするときに使うと効果的です。

①学習材の全文または、部分を提示して文に着目させたり、挿絵を提示して想像を広げさせたりしましょう。

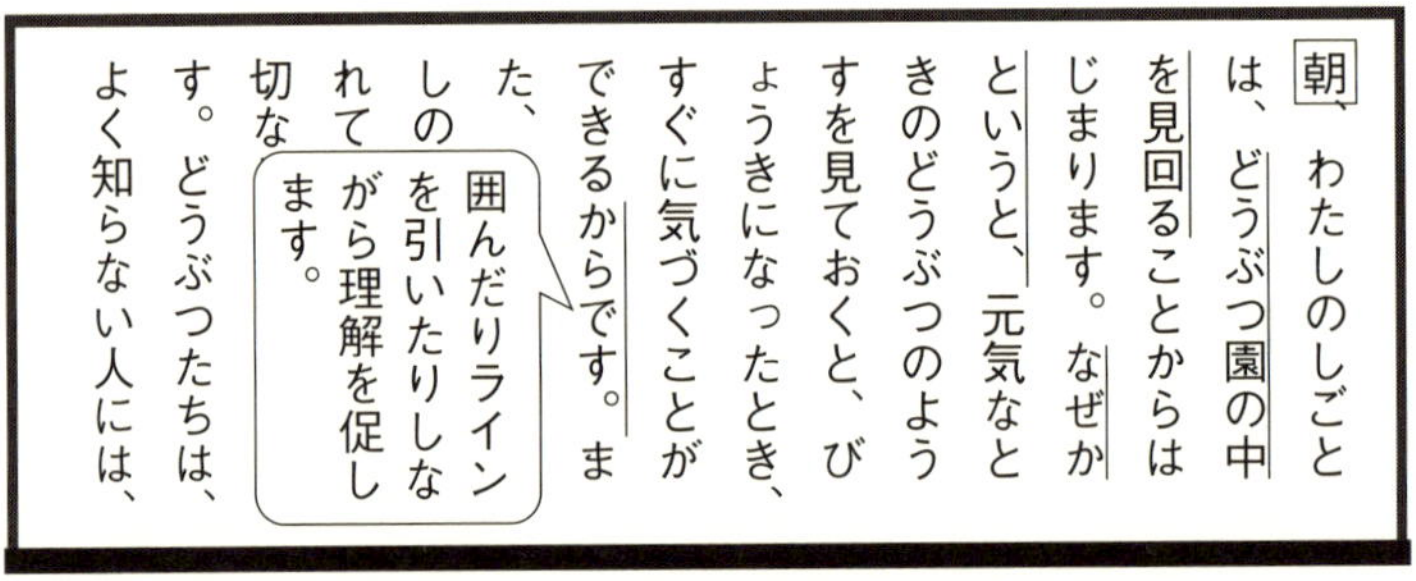

朝、わたしのしごと
は、どうぶつ園の中
を見回ることからは
じまります。なぜか
というと、元気なと
きのどうぶつのよう
すを見ておくと、び
ょうきになったとき、
すぐに気づくことが
できるからです。ま
た、
しの
れて
切な
す。どうぶつたちは、
よく知らない人には、
囲んだりラインを引いたりしながら理解を促します。

②児童のノートやワークシートなどを提示すると、お互いの考えを可視化することができます。

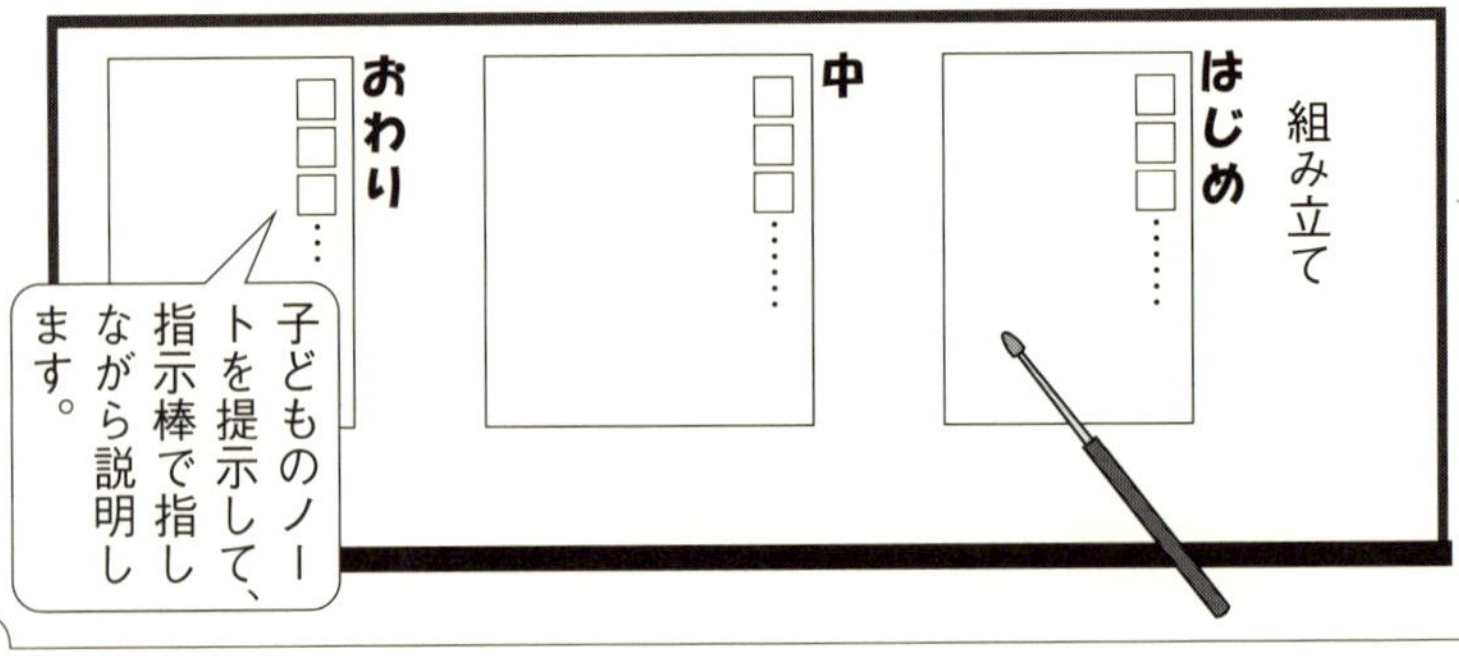

組み立て
はじめ
□□□……
中
□□□……
おわり
□□□…
子どものノートを提示して、指示棒で指しながら説明します。

❶学習材提示で集中力を高める

国語科でも視聴覚機器を積極的に活用することによって集中力が高まります。電子黒板で学習材を提示すると、どの文に着目して考えているのかがはっきりとします。また、低学年の場合は挿絵を大きく提示することによって想像をふくらませるための手助けにもなります。デジタル教科書は、文や挿絵にラインを引いたり書き込みをしたりできますので、うまく活用すれば、意欲の向上にもつながります。

❷子どものノートやワークシートの提示で考えを可視化する

ノートやワークシートにどんな考えを書いているのかを全体に伝えたいときに、電子黒板は便利です。ノートやワークシートを拡大して映し、それを見ながら子どもが説明すれば、より内容が鮮明になります。

すぐ使える視聴覚機器

・ボイスレコーダー（話す・聞く単元で話し合いを録音）
・デジタルカメラ（取材したものを撮影）
・ビデオカメラ（発表の様子を録画）

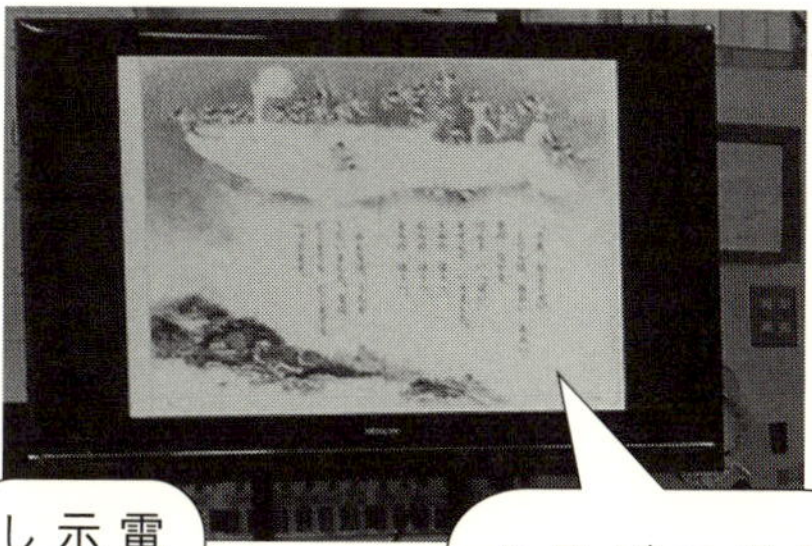

挿絵や文章を提示することで、想像を広げたり文に着目させたりします。

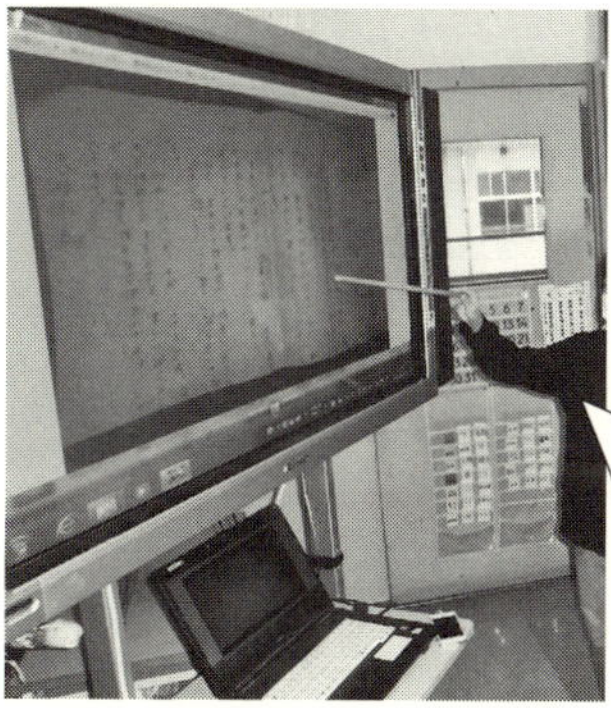

電子黒板を指し示しながら説明します。

Ⅲ章

思考を形成するツールとしての板書

1 授業と板書の基本

(1) 時間と分量

板書の時間と分量は、子どもの発達段階や実態に応じて変えていくことが大切です。

低学年は、文字を正しく書くということにも板書が大きな役割を果たしますので、丁寧にゆっくりと書きます。また、筆順にも注意して書きましょう。中学年、高学年は、文字を書くことに慣れていますので、自ずと書く分量は増えていきます。学年の目安として、おおよそ次の文字数を基本とするとよいでしょう。

低学年……一分間に約二十文字
中学年……一分間に約二十五文字
高学年……一分間に約三十文字

しかし、これはあくまで目安ですので、学級の実態に応じて減らしたり増やしたりしていくとよいでしょう。

全体の分量としては、その段階で使っているノート見開き二ページに書くことができる量が適当です。板書計画を立てるときに、子どもが実際に使っているノートを利用して書いてみると、分量が実感できます。たくさんの情報を与える必要があるときには、紙板書や模造紙などを活用して、実際に黒板に書く分量を減らしましょう。黒板に書いている時間の節約にもなります。

単元の段階によっても、板書の分量は変わります。多くの事柄を板書することで、気付きを促すこともあれば、書く分量を少なくしたり、ゆっくりと書いたりすることによって、考えることを意識付けることもあります。

さらに、「書く時間」と「考える時間」を分けることを意識して板書していくことも大切です。板書をノートに写すことばかりに夢中になって、内容がおろそかになってしまう子どもも見受けられるからです。「考える時間」には、考えることに集中できるように、板書を控えることも必要です。

◇分量はノート見開き二ページ分を目安に
◇多くの情報を与えるときには、紙板書や模造紙の活用を
◇板書に緩急をつけて
◇書く時間と考える時間を分けて

（2）教師の立ち位置

板書するときには、書いた文字が隠れないように、書こうとする行の右か左に立つことができればよいのですが、これはかなり高度な技で、どうしても行が揺らいでしまいがちになります。書いた文字が隠れないようにするためには、行に対してまっすぐに立ち、書き進みながらしゃがんでいくとよいでしょう。また、書こうとする文や言葉を区切りながら声に出して書いていく方法もあります。そうすれば、多少見えなくても子どもはノートに書き進めることができます。多くのことを書く必要があるときには、子どもが「書く時間」を確保しましょう。

板書した後、書いたことを読んだり、それをもとに考えたりすることがよくあります。その際には、書いたものの右か左に立って、どの席の子どもからも板書が見えるようにします。さらに、指示棒を利用すると、邪魔にならずに文を指し示すことができます。さらに、指し示すことによって、その部分に注目させるというよい点もあります。

◇書くときには正面に立ち、しゃがんでいく
◇声も併用して
◇指示棒も活用して

書いた文字が隠れないようにしゃがんでいきます。
よこにずれながら書いていきます。

〈板書の途中〉

教師は、板書した内容がその児童からも見える位置に立ちます。
指示棒を使って、指し示すと、その部分に着目させることができます。

〈板書した後〉

（3）展開の速さと板書の速さ

基本的には、教師が板書しているときに、子どもたちが一緒に書くことができる速さで書きます。各時間の始まりは、テンポよくいきたいものです。そのためには、課題を板書するときには、子どもが少し頑張れば書くことができるスピードを見つける必要があります。速すぎると、子どもたちは一緒に書く意欲を失います。逆に遅すぎると、授業の始まりに緊張感がなくなってしまうからです。

授業を展開していく段階では、考えさせたい内容によって、板書の速さも変わってきます。ランダムに多くの考えを出させたいときには、スピーディにその考えを板書していきます。その際には、子どもたちには「ここはノートに書かなくてよい」ということを伝え、板書されたことを見て考えることに集中させます。また、重要語句などを示して、それを一緒に書いて考える場合には、あえてゆっくりと板書することもあります。

まとめの段階では、その時間の板書を全体で振り返る時間を位置付けます。その時間で考えてきたことや押さえたい事柄を確認し、赤チョークで囲んだり、ラインを引いたりします。このときには、あまり時間をかけずにテンポよく板書に書き込んでいきます。その後、子どもが自分自身のまとめをノートに書くことができるよう、時間を確保します。

◇授業の始まりはテンポよく
◇多くの情報を板書するときにはスピーディに
◇重要な語句の板書はゆっくりと
◇授業のまとめにつなげる板書の振り返りはテンポよく

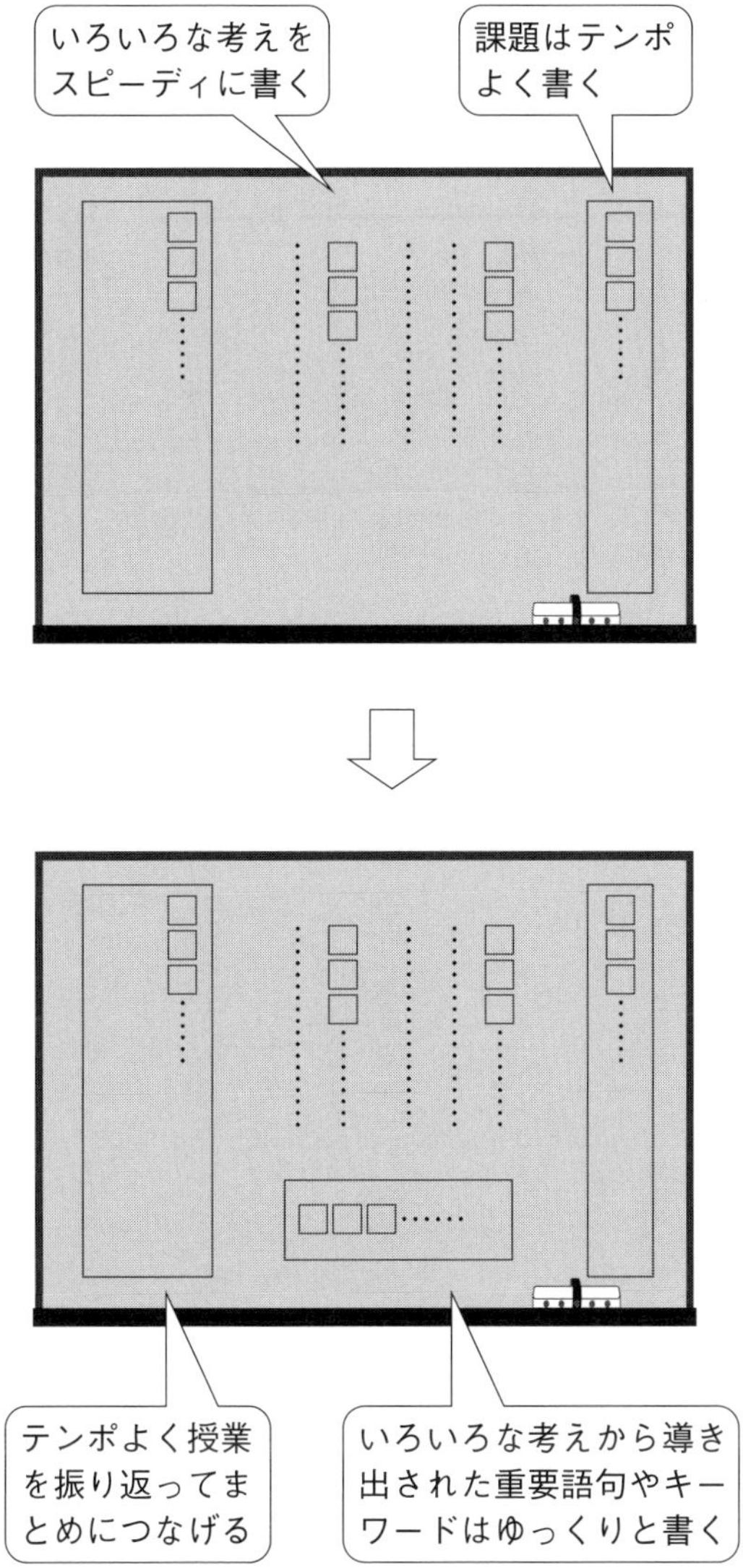

（4）板書計画

板書計画を立てると、授業者として、その時間の授業の流れを整理することができます。板書計画を立てている段階で、なんだかしっくりこない、という場合には、授業の流れにどこか無理があることが多いものです。また、教えたいこと、押さえたいことのみの板書は子どもの意欲を高めることにはつながりません。子どもの思考の流れを考えて、必要な情報は板書しますが、あえて余白を作って思考を促す場合もあります。

では、具体的に板書計画を紹介しましょう。

〈単元名〉　自分の体験と重ねて読み、感想を書こう。指導時数（六時間）
〈中心学習材〉「カレーライス」重松清（光村図書六年）
〈補助学習材〉「はじめての文学 重松清」重松清（文芸春秋）
〈第一次〉「カレーライス」を読み、学習計画を立てる。
〈第二次〉①人物相関図をつくる。
②視点を置き換えて書く。
③主人公に語りかける。
④観点を選んで感想を書く。

〈第三次〉

・同一作者の本から一編を選んで感想を書き交流する。

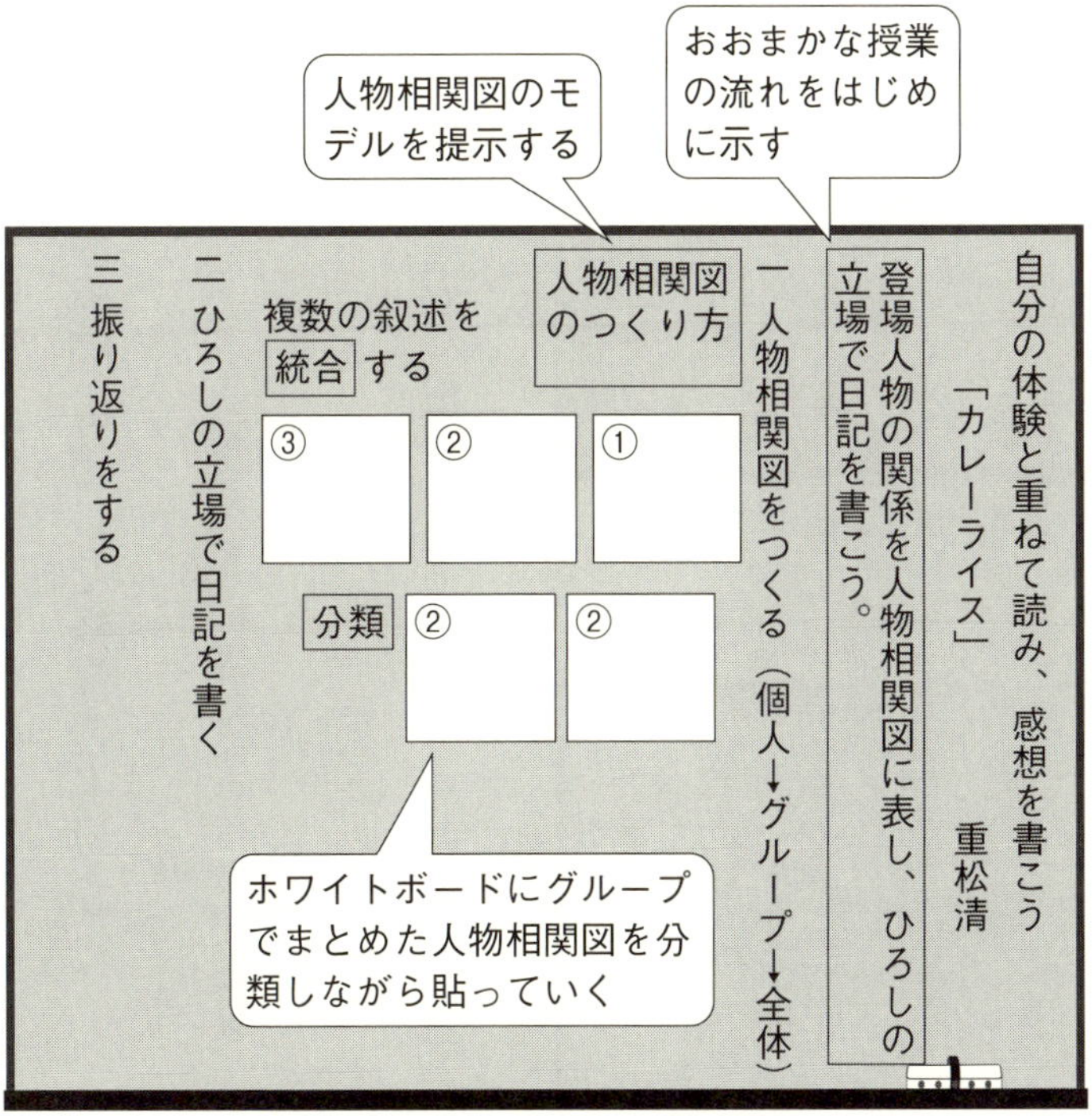

おおまかな授業の流れをはじめに示す
人物相関図のモデルを提示する
自分の体験と重ねて読み、感想を書こう
「カレーライス」　重松清
登場人物の関係を人物相関図に表し、ひろしの立場で日記を書こう。
一　人物相関図をつくる（個人→グループ→全体）
人物相関図のつくり方
複数の叙述を統合する
①
②
③
②
②
分類
二　ひろしの立場で日記を書く
三　振り返りをする
ホワイトボードにグループでまとめた人物相関図を分類しながら貼っていく

第二次　一時間目の板書計画例

板書計画には、その時間の学習課題とそのゴールが明示されることが必要です。さらに、ゴールに行き着くまでに、どのような方法で考えていくのかがわかるように板書を計画していきます。

上の例は、登場人物の人物相関図を書くことで主人公の心情に迫ろうとしています。人物相関図のモデルを示し、グループで話し合ったことを黒板に分類しながら貼っていく計画を立てました。そして、分類したことをもとに意見を交換し、自分の考えのまとめとして、主人公の立場で日記を書くことにしました。

（5）学習展開に応じた板書のありかた

学習展開によって、どこから板書していくのか、どのように板書していくのかが変わってきます。

その例をいくつか紹介します。

1 「課題をつかむ段階」で短冊を使って課題を整理していく例

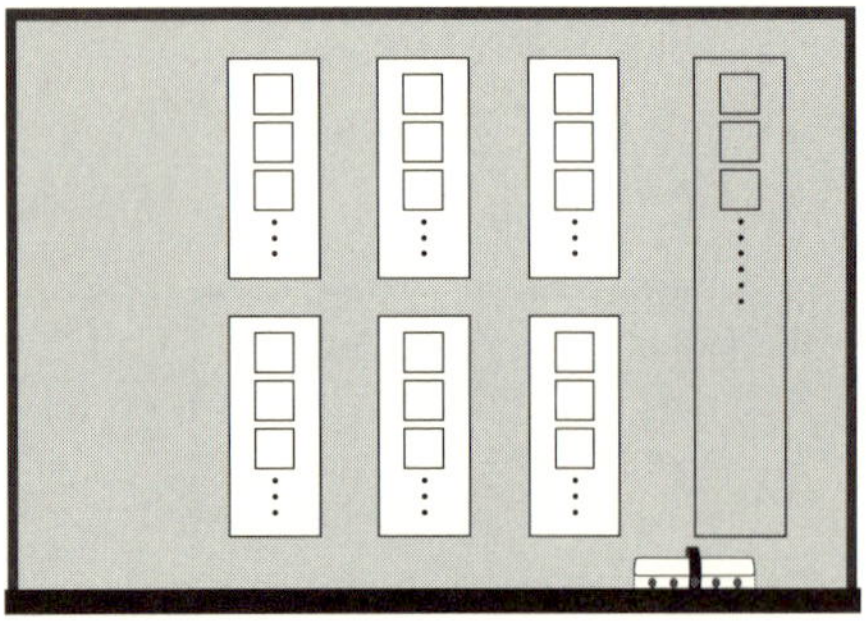

①子どもの考えを貼っていく

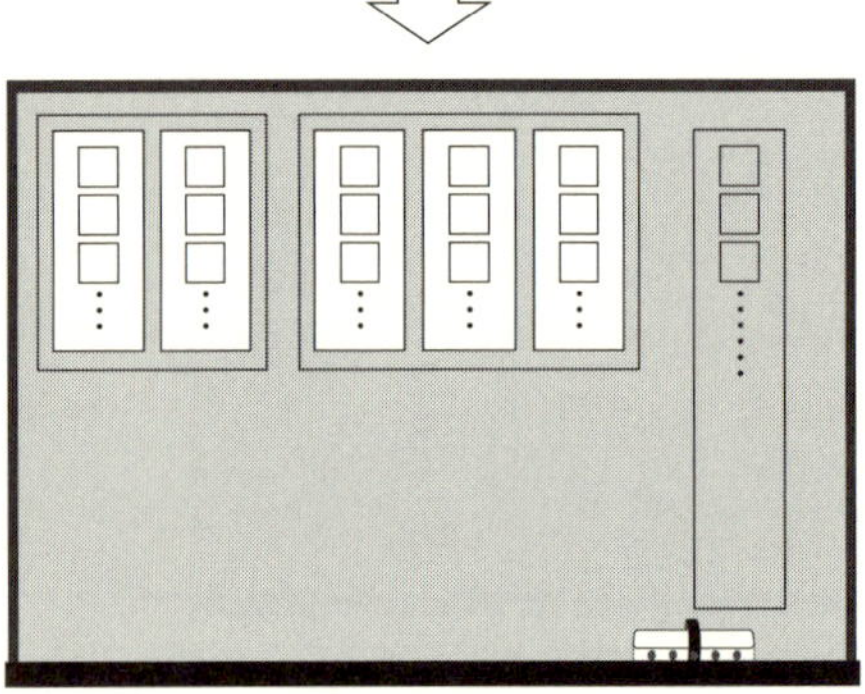

②考えを分類する

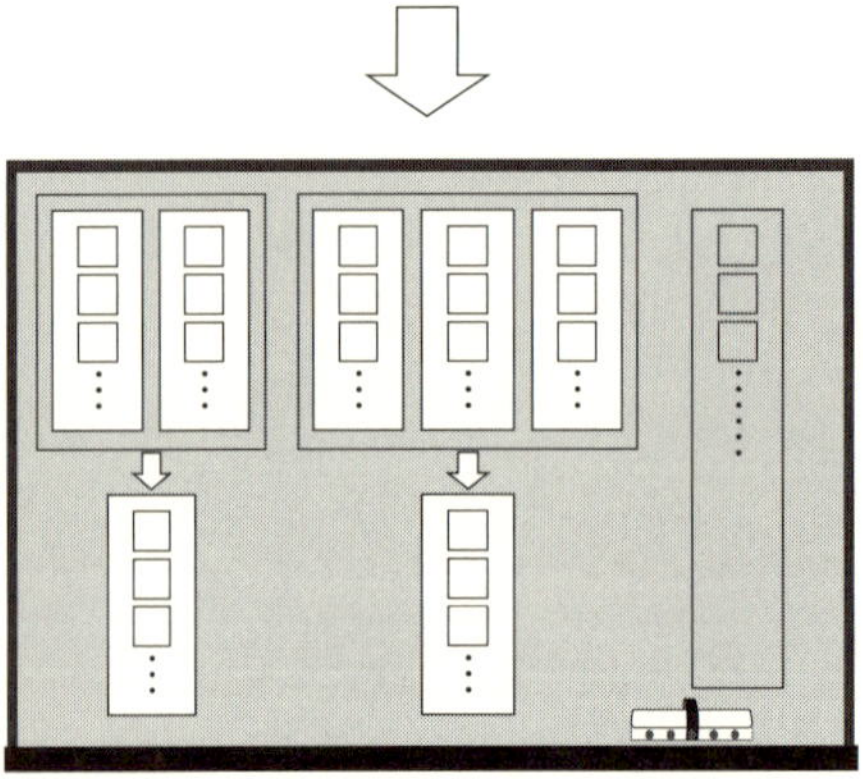

③まとめる

2 「課題解決の段階」で、二つの観点で比べながら子どもの考えを整理していく例

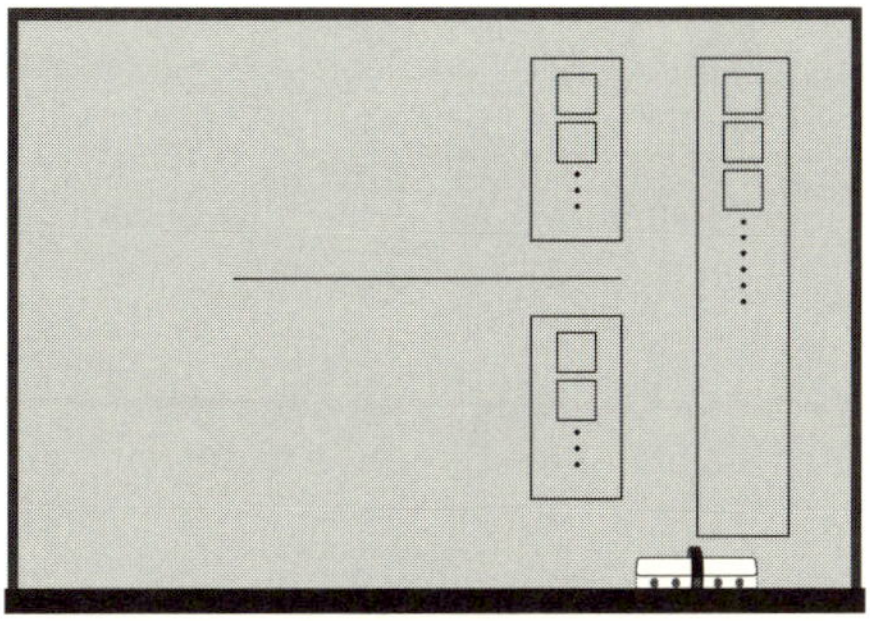

①二つの観点を提示する

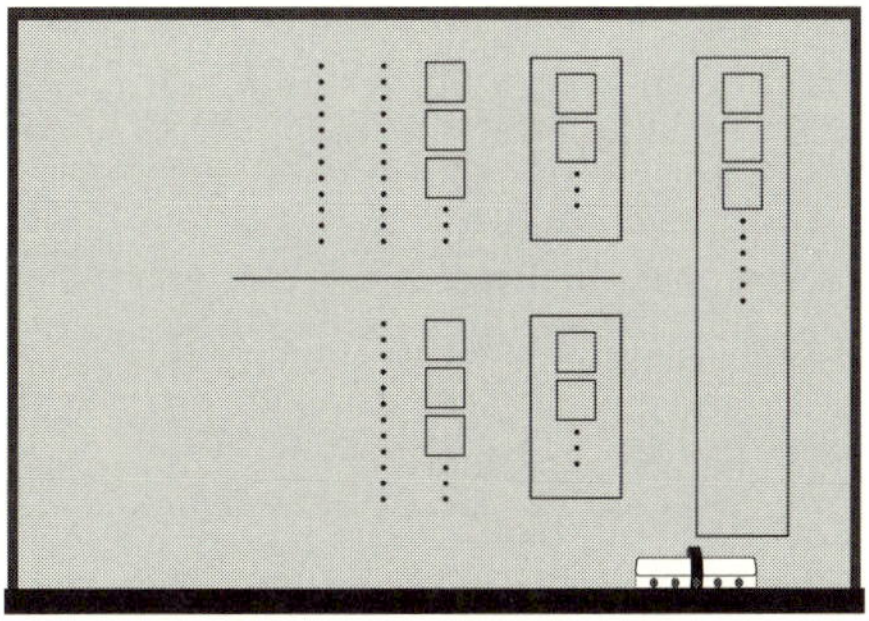

②観点ごとに考えを書いていく

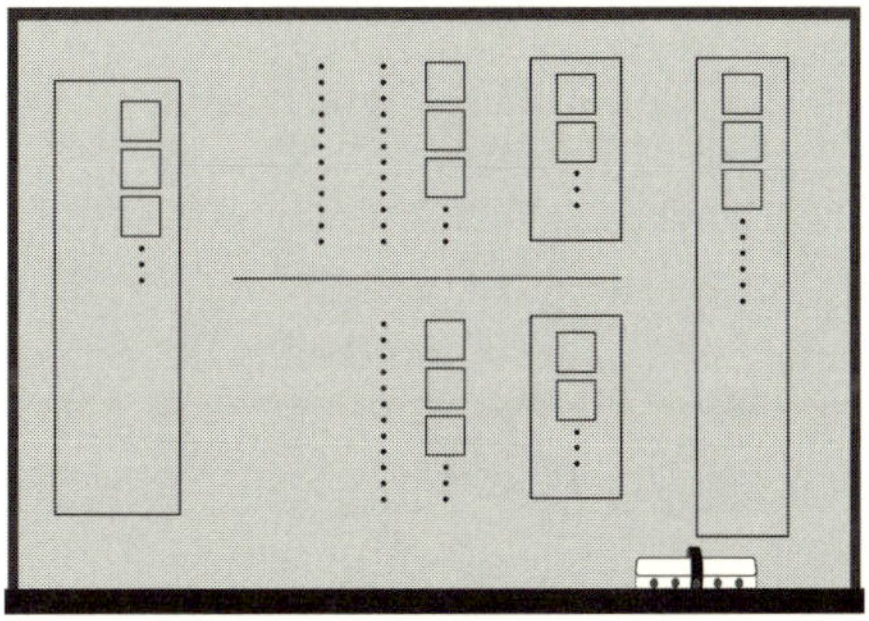

③気付いたことをまとめる

このほかにも、話し合うべき話題を中心に書いて、「賛成」「反対」に分けて、左右に書き進めていく方法や、考える項目を中心に書いて、そこから放射状に考えを広げていく方法もあります。授業者が発想を豊かにもって、板書を工夫していくとよいでしょう。

2 子どもとつくる板書

(1) 子どもに持たせる短冊黒板やマグネットシートなど

板書は、教師だけの専有物ではありません。板書から新たな学習が展開される「学習材」となり得ることはⅠ章でも触れたとおりです。目の前に広がる黒板の中に自分たちの文字もある、そんなことが、学習者の意欲を喚起することにつながります。スペース的に多くの学習者が向かうことが難しい中、板書すること自体に慣れていない学習者を黒板に向かわせても効率的とはいえません。個々の考えが広がっている、グループで話し合い活動をしてそれを生かしたいなどの場合、学習者の座席において「短冊黒板やマグネットシート」に記入をさせ、それを黒板に貼るなどして利用することが効果的ですし、時間の短縮にもつながります。最近では「短冊黒板」を見かけることが少なくなりました。その代わりにホワイトボードの小さなものなども百円ショップでも手に入れることができます。またホワイトボードマーカーで書いても消せるマグネットシートなどは、様々な大きさを用意しておくことでいろいろな場面で活用することができます。

こうした学習における利便性は
○黒板に貼っても容易に移動させることができること
○学習者がすぐに書ける、消せること
などにあります。

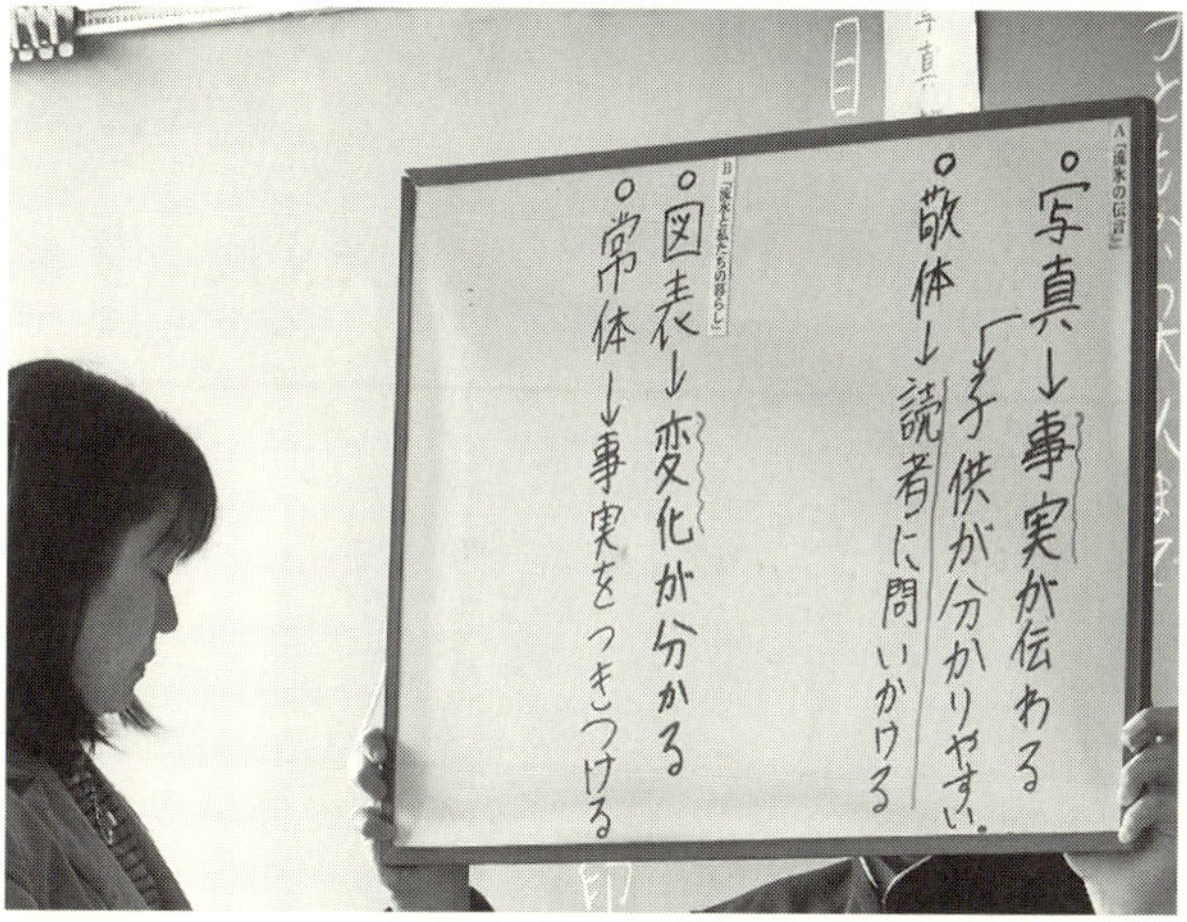

グループでの話し合い結果をまとめ、全体で発表しています。これを黒板に並べて掲示していきます。

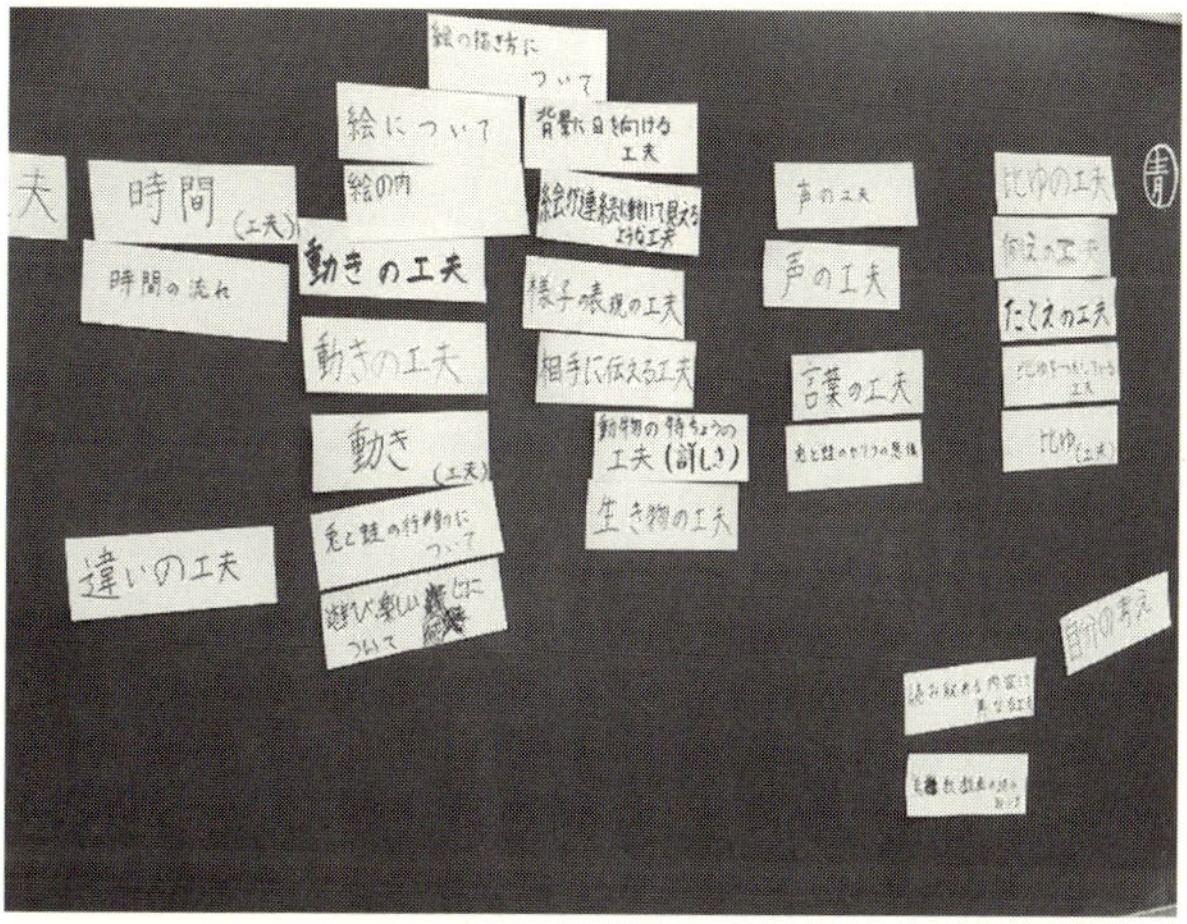

文章の特徴について気づいたことをマグネットシートに書き、子ども自身で近い考えのところに貼ります。

(2) 板書における子どもへの開放と活用

(1)で述べたように、黒板を学習者にゆだねることも、授業を変えたり、活性化させるための一つの方法です。筆者は「やまなし」の学習で、子どもが気付いたこと、心惹かれたことなどを自由に黒板に出て記述する学習を見たことがあります。こんなにそれぞれがおおよその場所に勝手に書いたものをどのように処理するのかと不安に思いながら見ていたのです。しかし先生は、決して慌てることなく、同じ箇所にかかわる記述、内容的に似たものなどをチョークの色や記号を使って整理して見事にそれらの中から課題を創り上げたのです。学習者を生かす教師の「技」のようなものを感じました。

学習者の思考が十分に練られていない状態であったとしても、文字表現化されたものから教師が整理したり、要約したり、まとめたり、結合させたりと操作することで、学習者自身の考えを整理することもできます。

何よりも学習者自身が板書をすることで、学習に対する主体的な態度や姿勢を発揮することとなります。板書がただ単に写すだけのものとしてではなく、自分たちで構成し創り上げていくのだという能動的な学習へと変化していきます。算数などでは、自分の解き方を板書し、いくつかの考えを比較したり検討するということは一般的に行われます。国語科においても、限られたスペースを(1)で述べたような用具等を活用しながらもっと権限を学習者に委譲していくことが今後求められるようになることでしょう。

板書を子どもたちに開放することで、教師だけでは示しきれない多くの考えを生かすことができます。そのときに考えたことなどは、子ども自身に板書をさせます。

ディベートに先立ち、それぞれの考えをマグネットのネームプレートで示していきます。

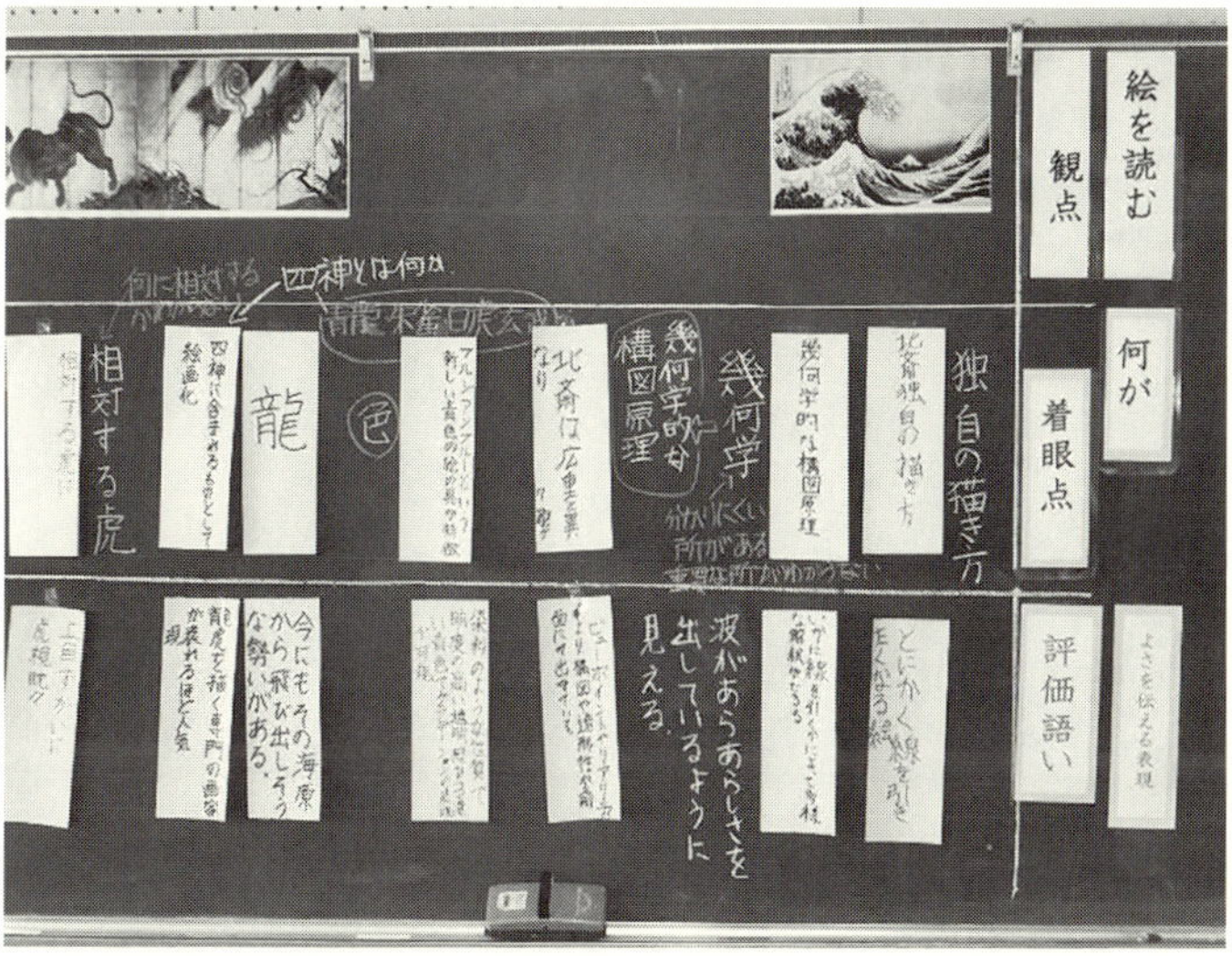

それぞれが気付き考えたことをカードに記し、貼っていきます。

（3）板書とノートの関連性

国語科においてノートは、単元名、学習材、ねらい、めあてや学習課題、学習内容、学習の方法、評価の観点、学習の振り返りなど単元や本時にかかわる内容が記されている学びの履歴そのものといえます。裏返せば板書にはこうした内容が書かれるということです。学習者は、主に教師が記した板書内容をノートに逐一写すことを当たり前のこととしています。学校公開などで、授業前に子どものノートを見せてもらうことがあります。前の時間には何を学んでいたのだろうということを確かめることができます。普段の学習の様子はノートに表れるものです。

そこでノートと板書を関連させる時に気を付けることとして次の点に留意しましょう。

○いつ書くのか（板書の度にノートをしていては、考えることが疎かになります）

○何を写すのか（全部をノートする必要はあるのかどうか、指示すべきです）

○どのように写すのか（特に低学年では、マス目のノートを用い、字数で改行がされます。黒板もその字数に合わせて書く必要があります）

○色使いの工夫（チョークの色との整合性を、子どもとの間で共通理解をしておきます）

ノートではなく、学習プリントに記述するという学習も多く見られます。基本的には、学習プリントも構造としては板書と同じようにすることが重要でしょう。学習プリントでは、個の考えが記述されるので、板書のできあがりとは異なってきます。

【資料を用いて説明する文を書く】

表現力の育成は国語科の重要な課題です。説明文を書くといったような場合、黒板にモデルとなるものを示し、学習者がそれを参考にしながら、自分の手元のノートや学習プリントで記述していくということになります。写真にもあるように、視覚的に色分けするなどの方法を用いて板書とあわせていくことで構成などの指導はしやすくなります。

授業開始直後の黒板説明部分は空いています。

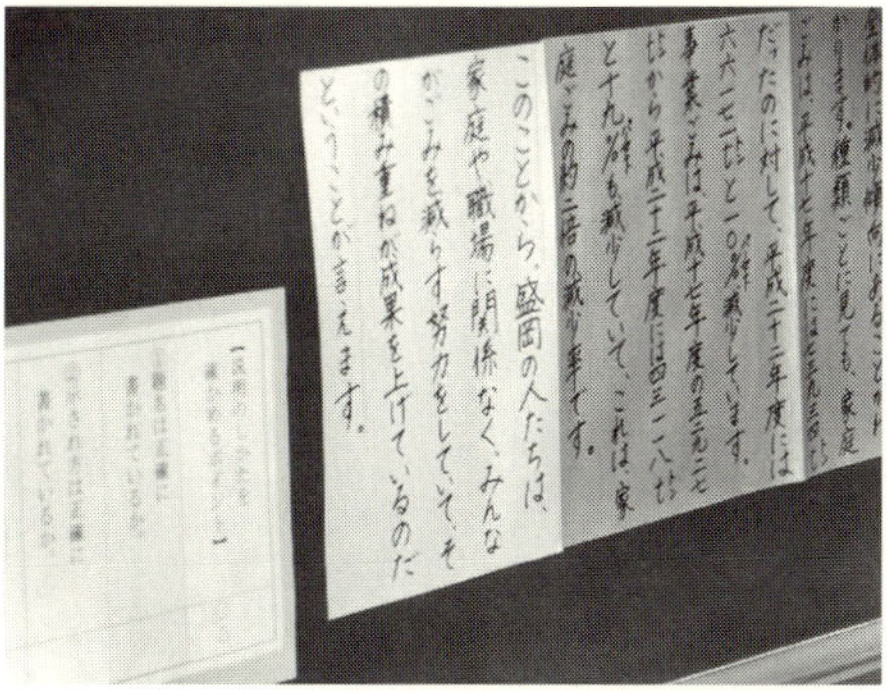

事実と考えたことで色分けされて黒板に提示したもの。

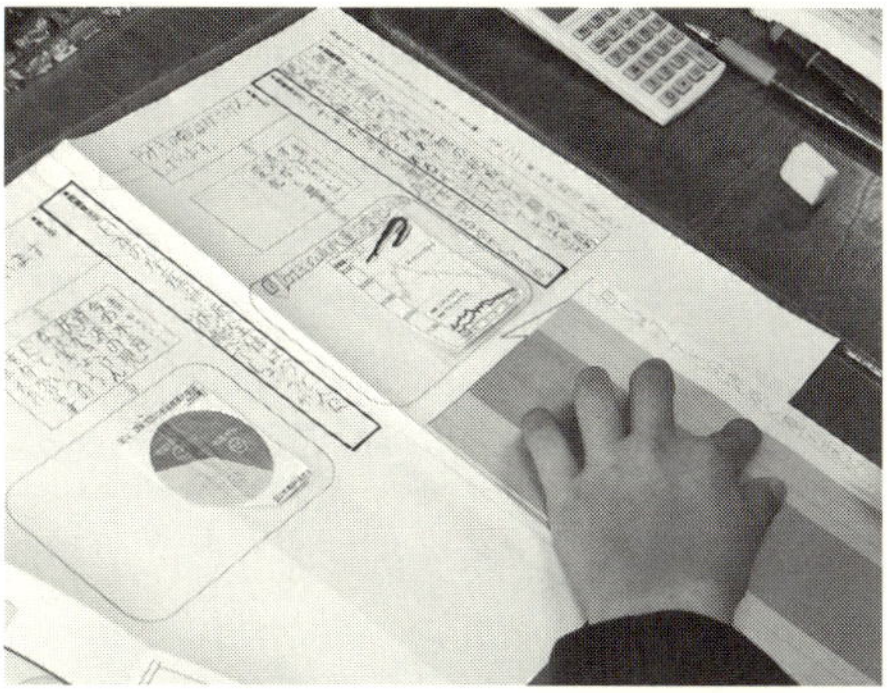

ノートに色分けされた用紙・内容を書き分けます。

（4）板書を使ってのコミュニケーション

今求められる言語力の大きな柱は、思考・判断・表現です。学習者の考えを新たな学習材としてみんなで考える材料とする、そこから新たな課題を見出す、結果をまとめ発表する等々、板書を活用することの可能性は広くあります。活用場面としてつぎのようなものが想定できるでしょう。

○学習課題の検討：読者の反応をもとにどの学習課題を話し合ってみたいかを並べて選択する。

○クラス全体での考えの拡張：ブレーンストーミングやイメージマップのようにクラス全体でその考えや語彙を拡張していきます。（（5）参照）

○学習者の発表：次頁の写真に見られるように、学習者の発表をもとにみんなで話し合ったり検討を加えていきます。電子黒板では、端末に記された個の考えを比較提示することも容易です。

○学習材の提示：学習で活用される様々な資料が意味することは何か、どの資料が適切なのかなどについてグループで検討することができます。

○教室前面の板書だけでなく、グループにおける小黒板、いずれ黒板に貼り出されるマグネットボードにおいてもそれぞれの考えを交流し合う場として活用することができます。

国語科におけるコミュニケーションは単なるおしゃべりとは違って、言葉を使って、言葉について自己内対話、対話、話し合い（討論も含む）を行うことです。思考、判断、表現するにあたり、板書は、その言葉の交差点となっていきます。

学習者である子どもたちを主体的に学習参加させるためには、子ども自らを表現主体にしていく必要があります。みんなの前で自信をもって発表できるように事前に教師は指導・支援をします。

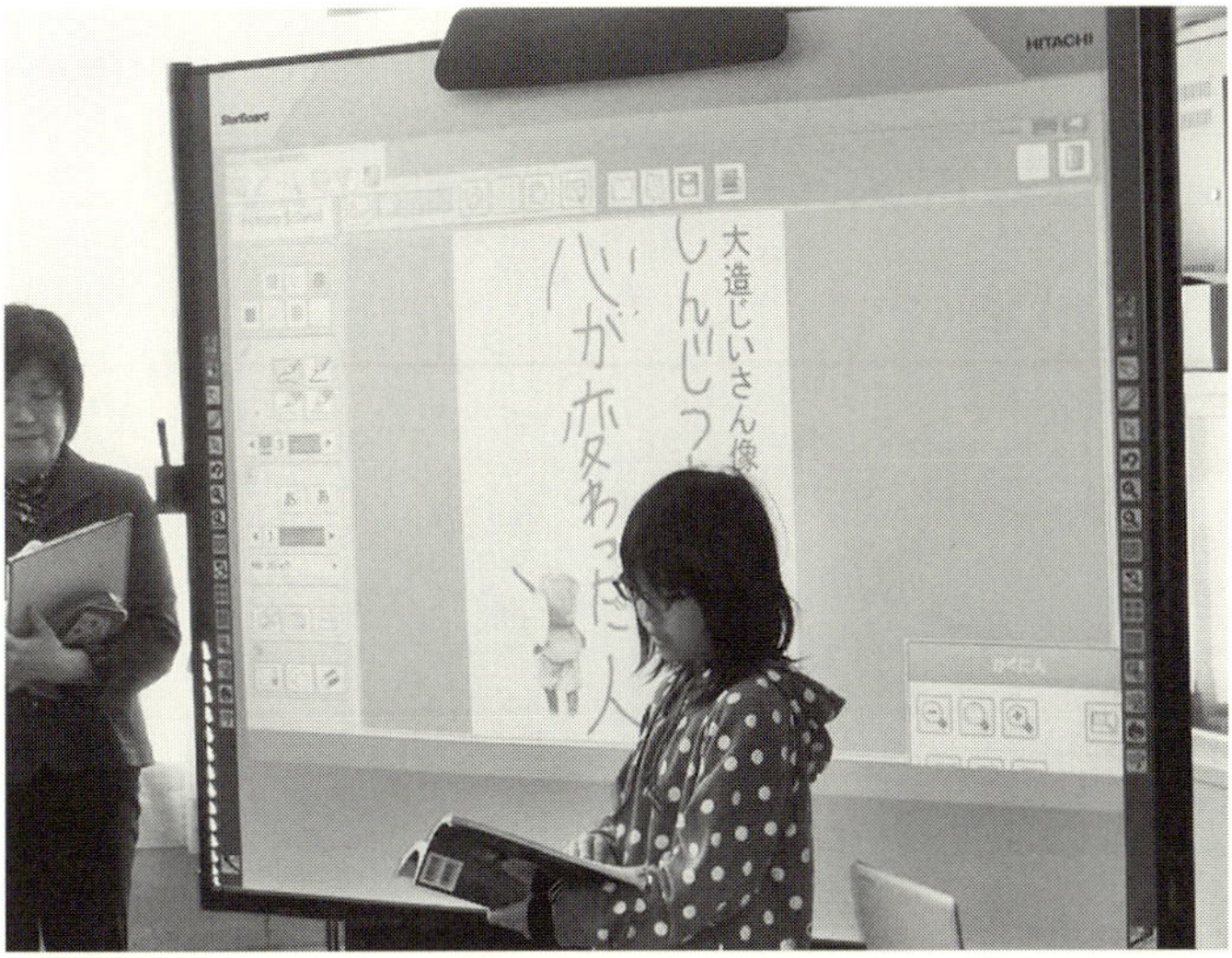

電子黒板に自分の書いたものを表示しながら発表をしています。なぜそう考えたのかを教材文を根拠にしてみんなに問いかけます。

黒板に示した心情曲線をもとに発表をしています。発表者によって違う心情の表し方も、色を使い分けることで示すことができます。

（5）板書を思考ツールに

学力世界一として注目を集めたフィンランドでは、「カルタ」と呼ばれるイメージマップがよく活用されています。（参考：北川達夫・フィンランドメソッド普及会『フィンランドメソッド入門』経済界、二〇〇五年）図のようにテーマやある言葉をもとに「ミクシ」（フィンランド語で「なぜ？」）という発想で広げて行きます。こうしたイメージマップは様々な分野で発想を広げる、語彙を拡充するなど活用されている方法です。クラスでは、板書にこうしたマップを示し、クラス全体でその考えを共有しながら考えていくことが可能です。

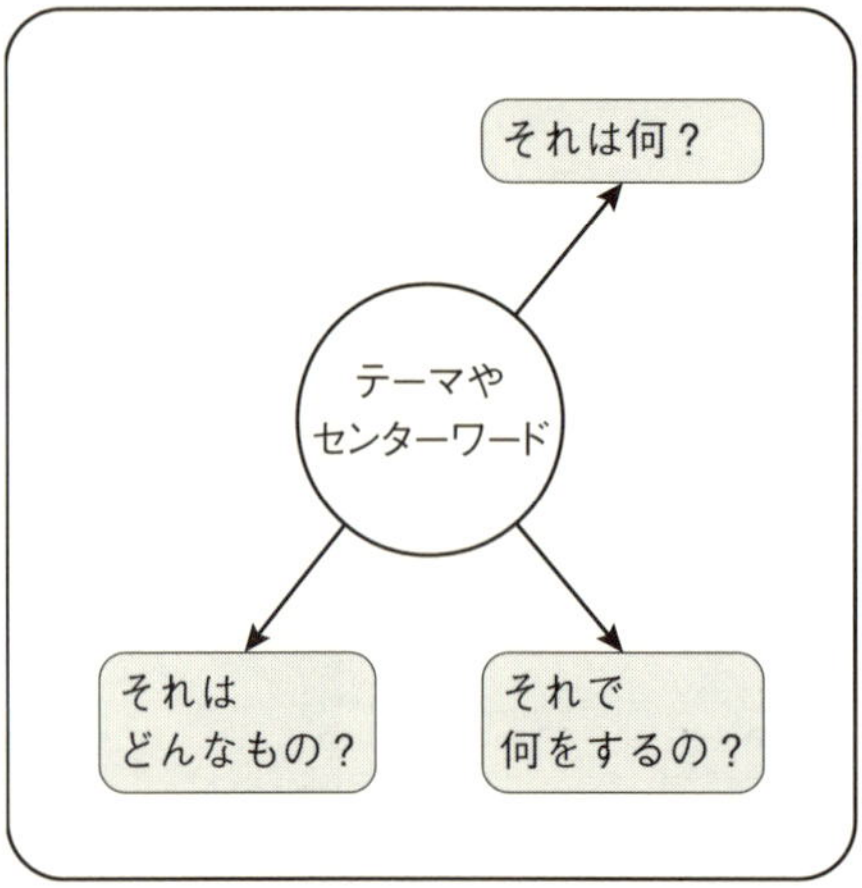

次頁に示したのは、こうした方法を変形し、ストーリーマップとして低学年の学習者に物語づくりの枠組みを与えたものです。上図のセンターを主人公にすればキャラクターマップに変えることもできます。

学習者は、こうしたマッピングを視覚的にとらえながら、自らの頭と対話をし様々に思考を巡らすことが可能となってきます。板書ではクラス全体で、ノートでは個人マップをというように組み合わせながら活動することができます。発想のみならず分析にもこうしたマッピングは有効です。

黒板そのものに示すことで学習シートのように子どもたちに機能することができます。

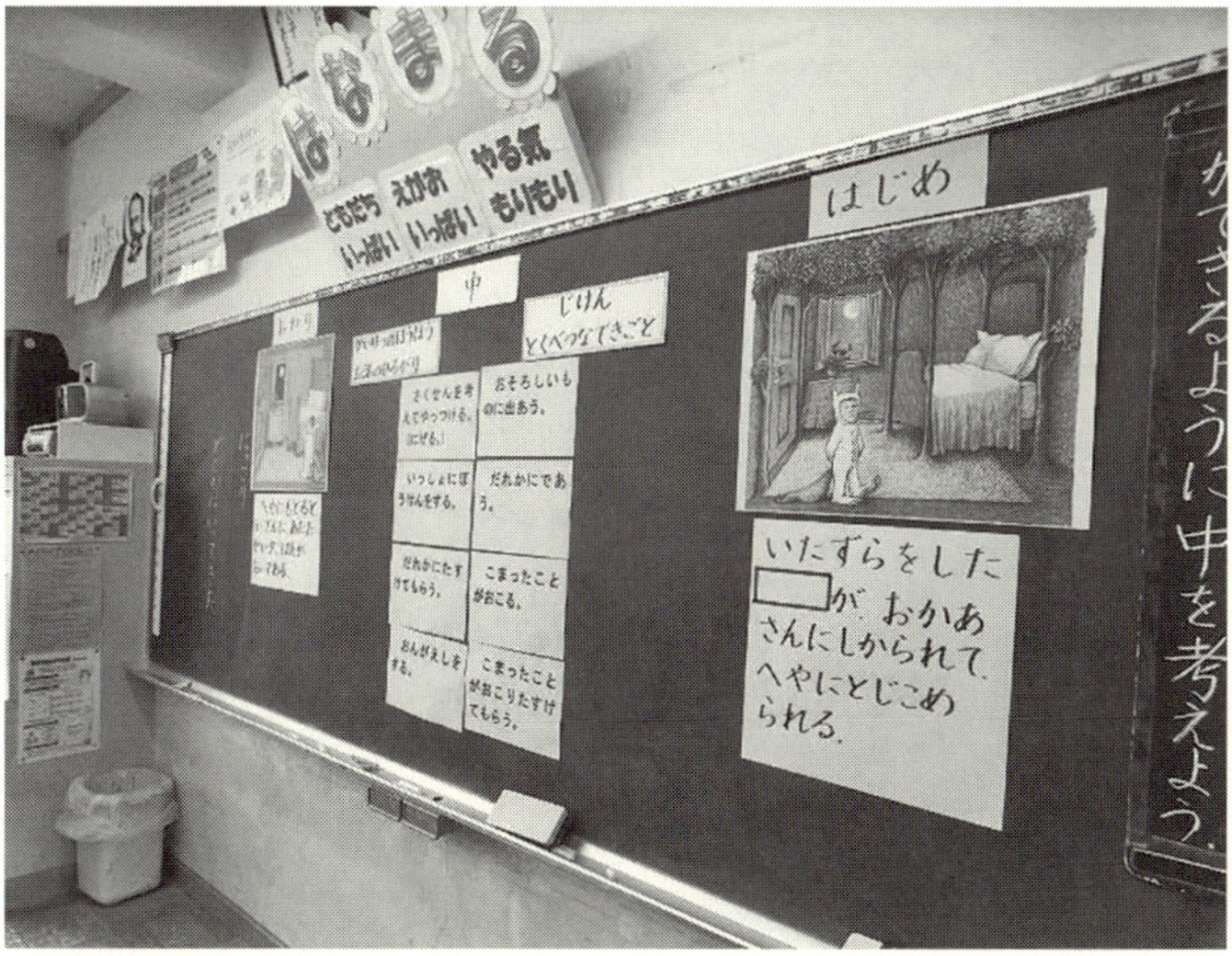

物語創りで構成を挿絵と共に示し、中においてどんな出来事が起こったかを貼り出して選択させています。

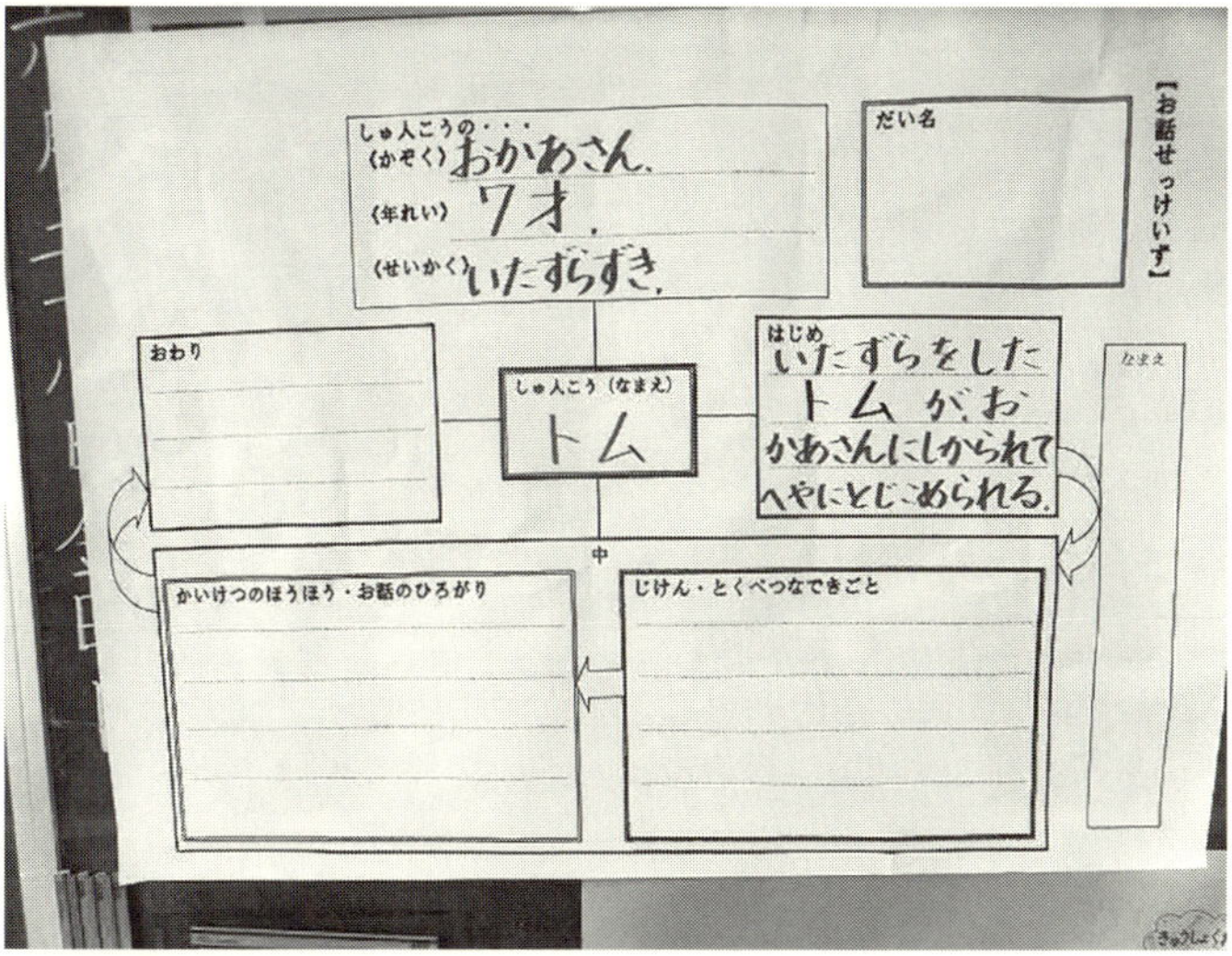

上の写真での板書でクラス全体で考えたことを個人に戻すために、具体的なシートの例を示し作り方を学んでいます。

3 板書力を伸ばすコツ

（1）板書をしながらの授業シミュレーション

研究授業の時など、事前に板書計画を立てることがよくあります。あくまで計画なので、学習中の学習者の反応を生かす場面などがあれば、その部分のスペースも含めて予定しなければならないのですが、押さえるべき学習内容をどの位置にどのように書くかなどをシミュレーションします。黒板には方眼線がひかれているものもあるので、おおよその位置を確かめておくようにします。

特に紙板書などは、実際に配置してみて、その記述量に合った大きさを決めることができます。教材文の叙述を示す場合、視写させるのか、それとも重要な箇所だけを抽出して示すのか、語句レベルで示すのかなどその扱いを考えておく必要があるでしょう。

学習課題が解決すべき問いの形をとっているのなら、その答えともいうべき「まとめ」を示す必要もあります。授業の終末において行う振り返りでは、板書全体を見回して、またまとめを確かめることから今日の学習内容や考えの過程を再確認します。

〈例〉『わらぐつの中の神様』：課題をどの位置に書くかの検討

一般的には、縦書きで右から左へと書いていきますが、対比的に示す場合には、課題をセンターに置きそれぞれに関連し合う根拠となる叙述を対応させ、示した方が「お互いに」という課題に迫ることができるだろうと修正をして授業に臨みました。

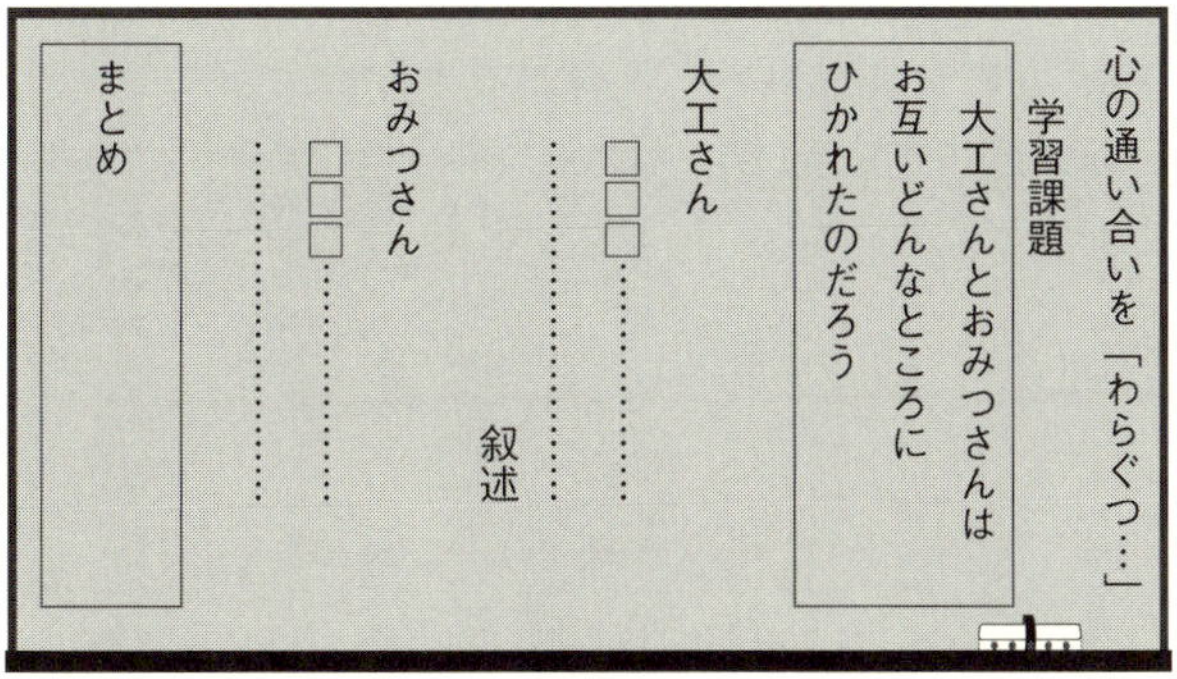

構成案

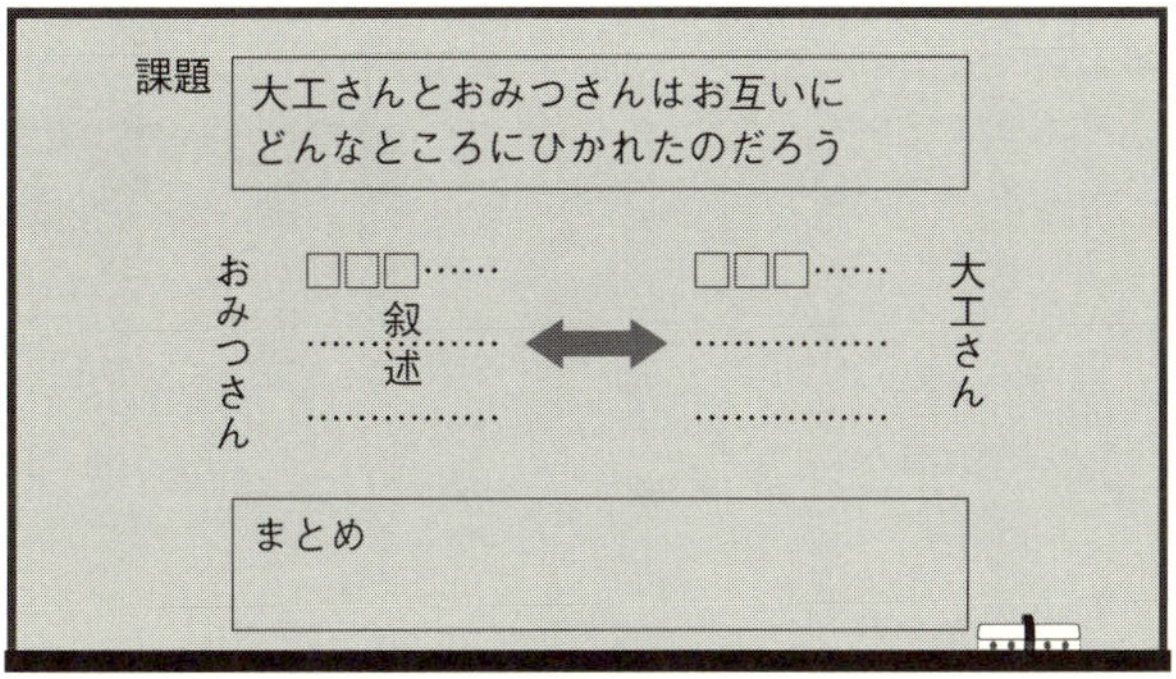

修正案

（2）授業の板書画像の保存、授業研究会での活用

（1）で述べたように板書計画にもとづいた構想案と実際の授業では、違ったものになることもあるでしょう。そこで、毎回とはいわなくても授業後の板書を記録として残すことで授業者自身が「リフレクション（反省的実践）」をすることができます。リフレクションは単に授業者一個人の技量を問題にするのではなく、学習者にとってどのような反応を生み出し学びとなったのかということや、本学習材を用いて行う時のポイント、ひいては単元指導計画の妥当性までをも検討することにつながってきます。記録は自らの学びの履歴ともなっていきます。

また授業研究会においては、主に本時における学習活動を振り返る中で、板書された学習内容（何を教えたのか、その教えた事項）が適切なものであったのかどうかか主に検討されることになります。

国語科は他教科よりも何を学んだのか、何を教えたのかの内容が曖昧になりがちです。仮に「どんな気持ちで」と問うた学習課題ならまとめとして「こんな思いだった」というまとめが記されるでしょうし、その根拠となったテキスト本文や重要な語句は押さえられるべきこととなります。学習者の反応をとらえ、教師はこうしたことを板書しながらまとめとしての答え（正解到達主義ではありませんが）に導いていくはずです。研究会において板書は、記された学習内容をもとにしながら、本時がねらいに迫れたのかどうかや、あの時の学習者の反応はどうだったなども思い出す材料となってきます。場合によってはこう書くべきだったなど他の例を挙げて考えてみることもいいでしょう。

授業研では、次の学習もあるので残すことが難しいでしょう。写真に記録し研究会で利用します。

授業を巡ってワークショップを行う教育実習生。板書も検討のポイントです。

記録された板書を見直してみると反省すべき点を多く見出すことができます。誤字、脱字、曲がっている行の文字、色使いの適切さ、まとめの文言などなど。全体を見渡しても構造化されているか、課題のまとめとの対応はわかりやすいかなど、板書計画と違うものとなるでしょうが、記録し活用しましょう。

（3）他者の授業から学ぶ板書の活用（まねぶ）

他者の授業を参観したときに見事な板書に出会うことがあります。そんなときは、それがどのような点において参考となるのかを踏まえ、記録しておきたいものです。

学ぶべき点として以下のような観点があるでしょう。

○書写の点から学ぶべき点がある。（字が美しい、全体のバランスがよいなど）
○ねらいがわかる構成、展開となっている。
○何をここで学んだかの学習内容が明示されている。
○学習の仕方(学び方）が示されている。
○学習者の考えが生かされている（発言が効果的に示されている。学習者が板書に参加している）
○ノートや学習プリントと連動したものとなっている。

筆者には、大学時代の指導教員の板書の字が見事で、講義後にその字の横に真似て書いたおかげで今までとは違った字がかけるようになった経験があります。あんな風に書けたらいいな、真似てみようという関心・意欲から始まることもあります。教師はその職にある限り、学び続けるべき存在です。向上させたいと思う時にキャリアや年齢は関係ないでしょう。身近に学ぶべき同僚もいるはずです。授業を見る、そして「まねぶ」こと、見せ合うことから、互恵的な学び合いが始まるのです。

中学校書写の授業での例

挿絵と基本文型を色分けで示した例

(4) 板書を支える学習のための掲示の工夫（学習用語、学習資料、など）

板書は、基本的に本時の時間の流れの中で構成されていきます。しかし、その学習を行うための情報や資料、単元計画などは黒板横や教室掲示として板書を補うはたらきをしています。

新しい教科書などにおいても、国語の学習で使う言葉「学習用語」の一覧が載るようになりました。

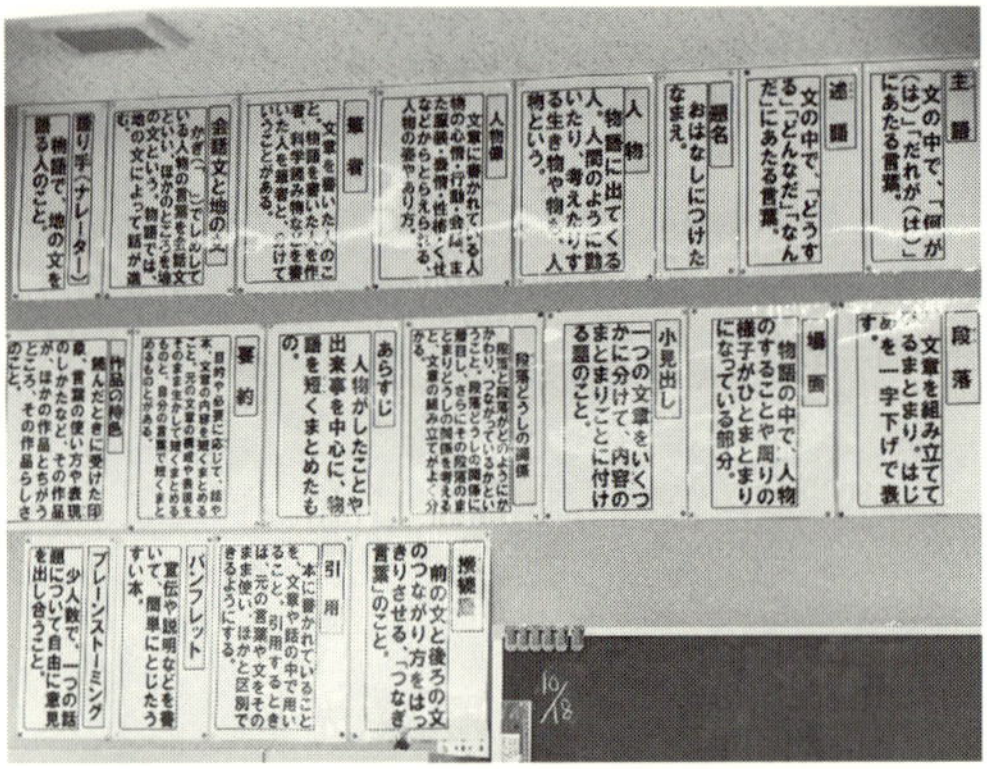

上の写真は、中学年と高学年の教室側面に掲示した学習用語です。学年が上がるにつれてその数が増えていきます。常に目にするところで活用し、板書でも（特に学習者自身が使うときに）活用できるものとなります。上級生はたくさんの言葉を知っていてすごいなという、下級生から見ると意欲の原動力にもなることでしょう。

アメリカなど英語圏の教室を参観し感じることは、教室の中の掲示物等のカラフルさです。文化の違いとはいえ、子どもたちへの刺激となっているようです。左上の写真は日本の教室でのものですが、このような資料掲示は見ているだけでも楽しいものです。

様々な学習資料をどのように提供するかも学習における重要な手立てです。言語活動の充実に伴って発展的に学習を展開する学習が増えてきています。多資料を提供すればよしではなく、どんな観点でどこまでどのようにそれらを利用するか考えましょう。

単元の発展として読書へ広げる活動です。本の表紙のコピーを一覧にして示しています。本が並んでいるよりもどれにしようかとわくわくしてきます。

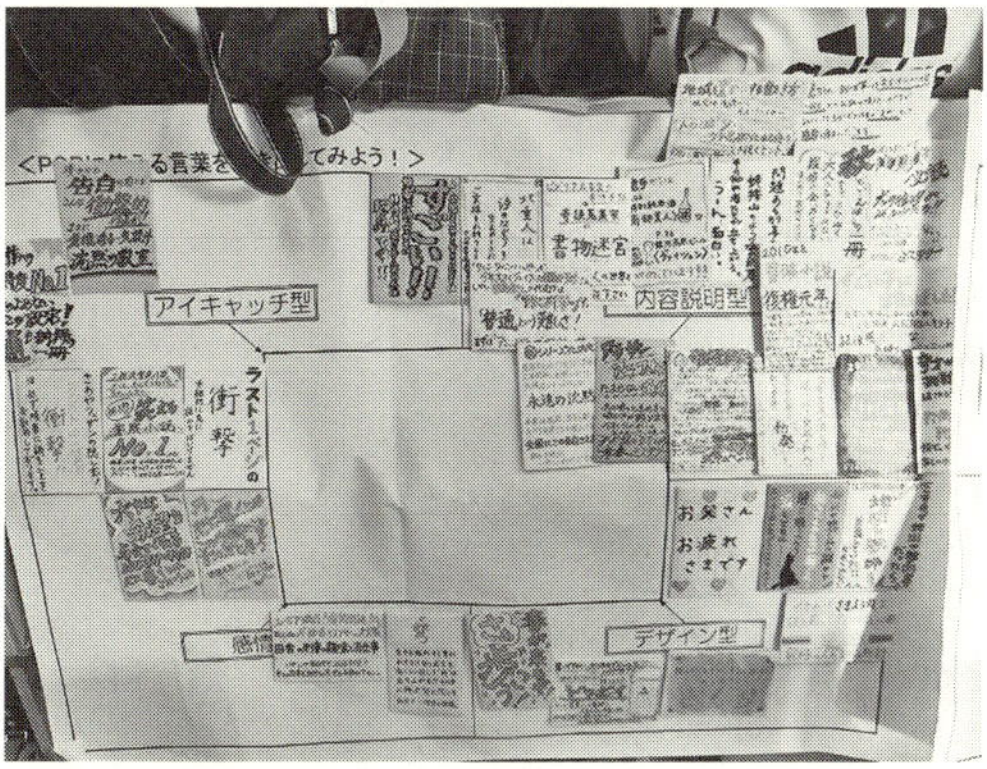

中学校の実践例
本屋さんに実際に並べるために作ったポップです。生徒が作成したポップにも機能によって形があることを分類して示しています。

アメリカの教室の掲示の様子

Ⅳ章

板書で見る単元の構想と実践例

低学年

単元「考えを聞き合って、みんなでまとめよう」

言語活動「学級で飼育しているイモリの名前を決める話合い」

二年　学習材▼「学級で飼育しているイモリに名前をつけよう」

1　単元の特色

(1) 単元の趣旨

学習指導要領第一学年及び第二学年「A話すこと・聞くこと」の「オ互いの話を集中して聞き、話題に沿って話し合うこと」を主な指導事項としてこの単元を構成します。互いの話をよく聞き、話の内容を理解して話題に沿って話したり、尋ねたりすることができるように、「考えを出し合ったり、尋ね合ったりしながら、グループで話し合って考えをまとめること」を言語活動として設定しました。中学年での話合いにつながる学習として、小グループにおいて、理由を明確にして、よい考えを選んだり、似ている考えを合わせたりして考えを一つにまとめていくような話合いをイメージし、本単元を計画しました。

(2) 学習材について

単元のねらいに合った話合いにするためには、話題の選択が重要です。二年生という発達段階と本単元のねらいを踏まえ、話合いの話題として、「子どもの興味・関心が高い話題」「似ている考えを合わせて、よりよい考えを選択できる話題」「小グループ(四~五人)で話し合うことができる話題」「話し合ったことを生活の中に生かしていける話題」を考えました。最も重要なのは、子どもの興味・関心が高いことです。それが「話し合ってみんなで決めたい」という思いを生み、形式だけでない生きとした話合いにつながります。本学級では、生活科の学習でイモリを飼育しており、子どもたちも毎日のように世話をするなど、愛着をもってかかわっていました。そこで、学級で飼育しているイモリに名前をつけることを学習材化し、本実践を行いました。

2 単元目標

○イモリの名前を決めることについて自分の考えをもって話したり聞いたりしようとしている。

【関心・意欲・態度】

◎イモリの名前や根拠などの相手の話の内容を理解し、理由とともに自分の考えを話したり、相手の考えについて尋ねたりしながら話題に沿って話合うことができる。

【話すこと・聞くこと】

3 評価の観点・方法

【関心・意欲・態度】

・話題について進んで話したり聞いたりしようとしている。（観察）

【話すこと・聞くこと】

・話題について自分の考えをもっている。（記述）
・相手の話を正しく聞き取っている。（観察）
・自分の考えに理由をつけて話している。（観察）
・話合いの方法や仕方について振り返っている。（観察・記述）

4 単元計画

次	時	学習活動	○指導上の留意点　☆評価（方法）
一	1	話題について知り、学習の見通しをもつ。	○グループでイモリの名前を決めるために必要なことを確かめて学習計画を立て、学習の見通しがもてるようにする。 ☆イモリの名前について自分の考えをもとうとしている。（記述）
二	2	話合いがまとまらなかった例をもとに、グループの話合いで大切なことを確かめる。	○「あるグループの話合いの様子」を台本化したものを提示する。 ○うまく話合いが進んでいないところを見つける活動を通して、グループでの話合いの具体的なイメージをもてるようにする。

	3	よい話合いの例をもとに、考えを一つにまとめるために大切なことを確かめる。	○話合いの例の中で、よいところを見つけ、理由とともに付箋に書いて貼り出すことで、考えを一つにまとめる話合いの流れや話す言葉のイメージをもつことができるようにする。
	4	グループで話し合ってイモリに名前を付ける。	○よい話合いの例や話合いの流れなどを掲示し、実際に話し合いをするときに見ながら進められるようにする。 ☆相手の話を正しく聞き取っている。（観察） ☆自分の考えに理由をつけて話している。（観察）
三	5	学習の振り返りをする。	○できるようになったことを板書に位置付けながら、話合いの方法や仕方について振り返りをすることができるようにする。 ☆話合いの方法や仕方について振り返りをしている。（記述）

第１時の板書

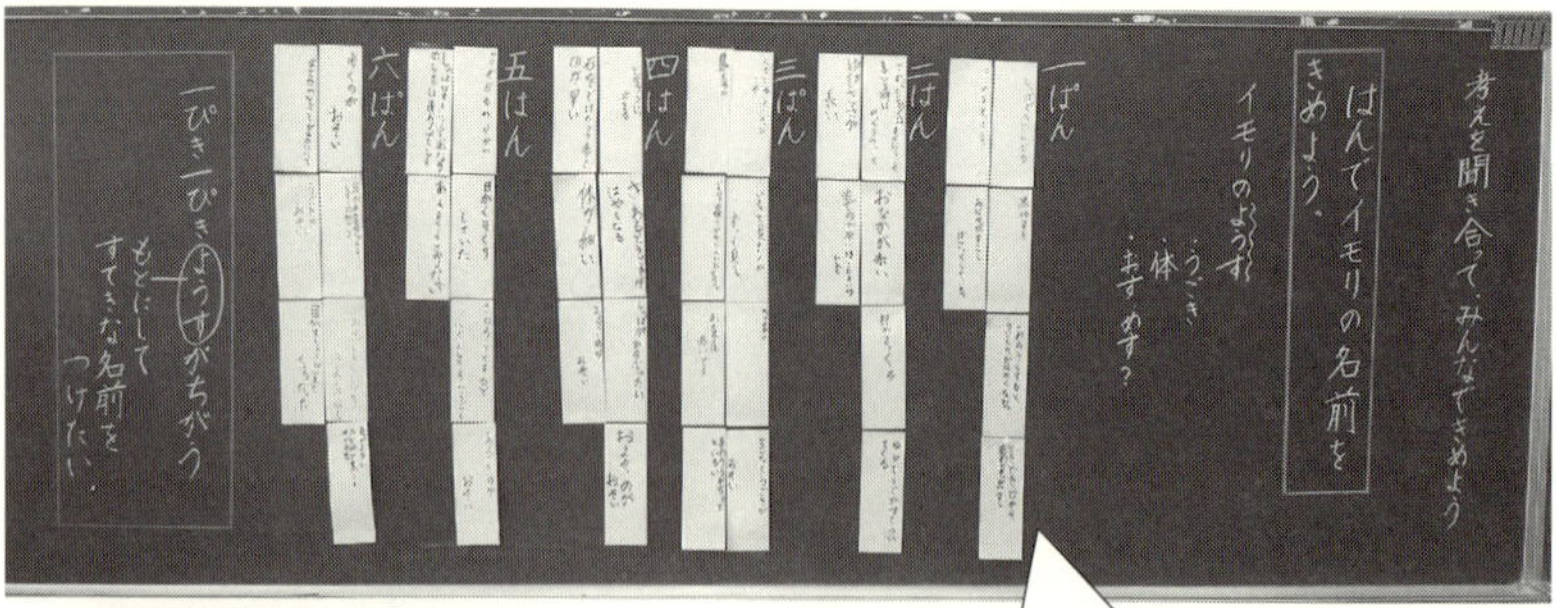

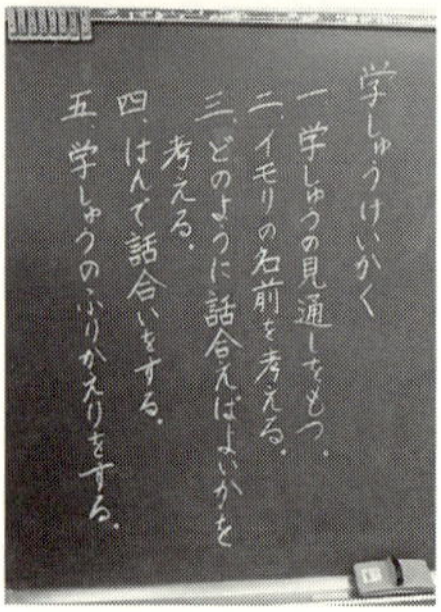

それぞれのイモリを観察した後、動きや体の様子について気付いたことをカードに書き出し、黒板に張り出します。

5 授業展開

第1時

(1) 本時のねらい

話題について知り、イモリの様子は一匹ずつ違っていて、それに合った名前をこれから付けていくことへの見通しをもつことができる。

(2) 指導ポイント

まずは、話題となるイモリをよく観察するところから学習をスタートさせます。これまでたくさんお世話をしてきたイモリですが、子どもたちは、よく見るとそれぞれに特徴があり、様子も異なることに気付きます。その様子をもとにして、それぞれのイモリにぴったりの名前をグループで決めようという見通

第2時の板書

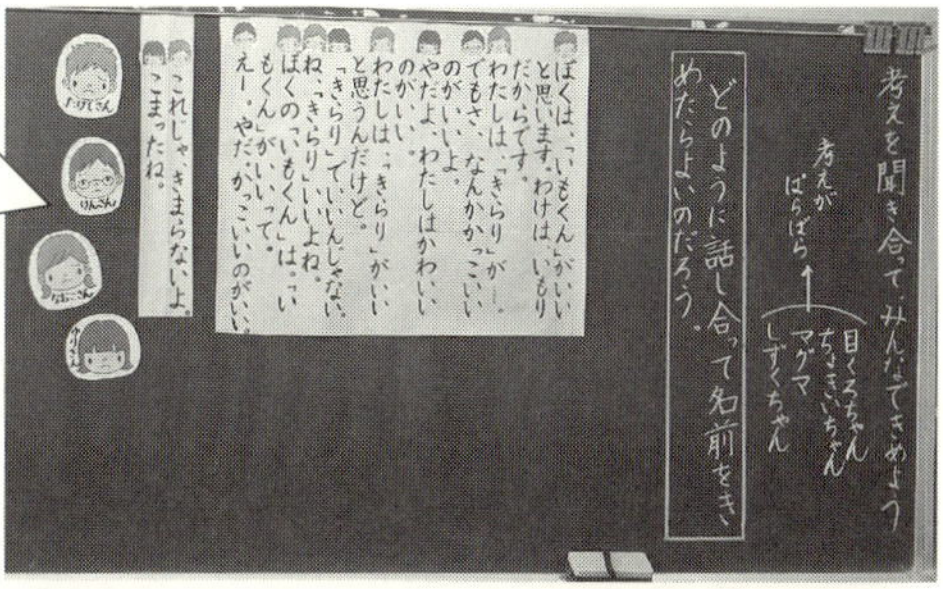

困った顔とにこにこ顔を両面になるように作り、授業の中で裏返したり戻したりできるようにします。

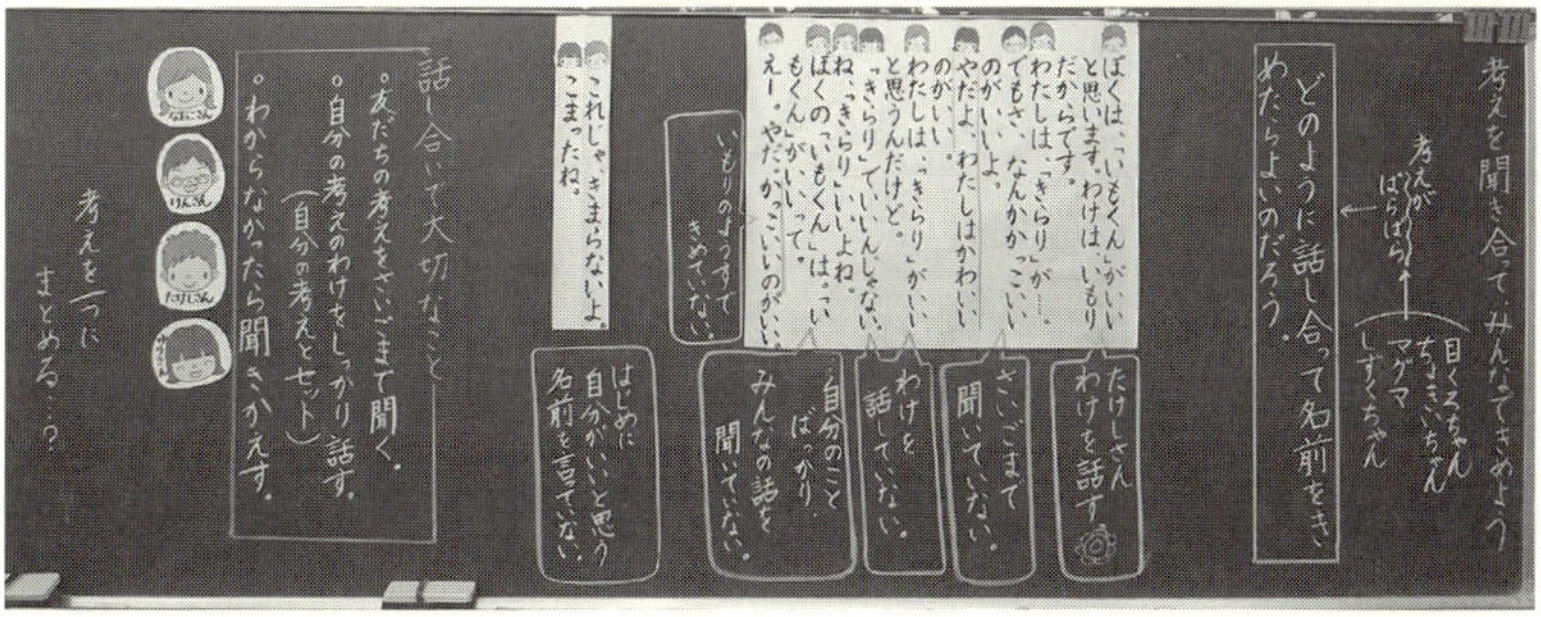

しをもてるようにします。

「こんな名前がいい」と早速考えを話す子どももいますが、「自分たちで話合って決めたい」と話す子どももいて、グループで話し合って、名前を一つに決める必然性が生まれてきます。

第2時

(1) 本時のねらい

グループの話合いで大切なことを考えることができる。

(2) 指導ポイント

「あるグループの話合いの様子」として、子どもたちの話合いで起こりそうなことを台本化したものを提示します。はじめに四人の困った顔と、「これじゃきまらないよ」「こま

第３時の板書

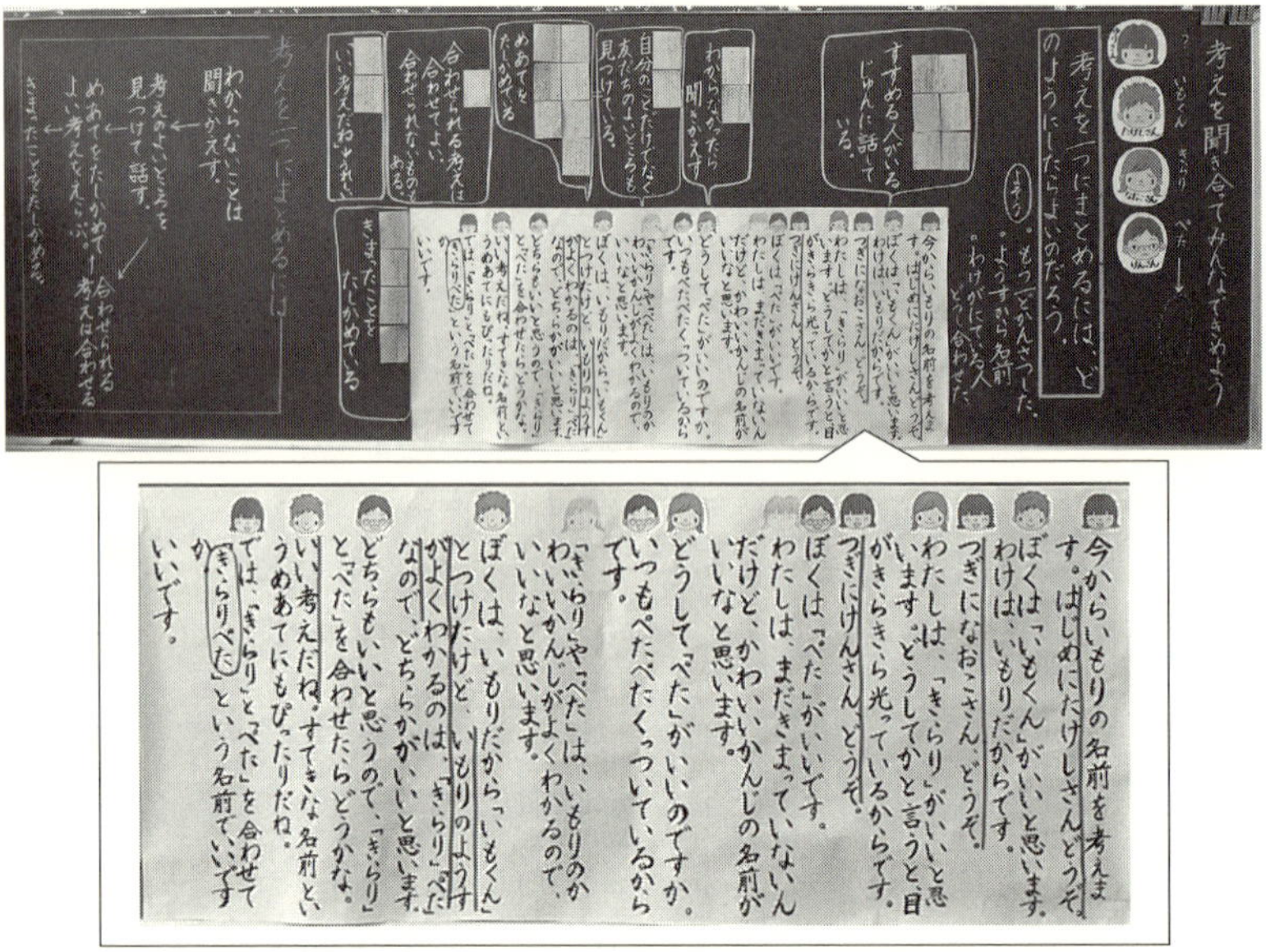

ったね」のセリフを示し、課題意識を十分にもたせます。うまく話合いが進まなかった原因を考えることを通して、グループでの話合いで大切なことを考えていきます。最後に、この話合いではまだ名前を一つに決めていないことを確かめ、考えを一つにまとめるにはどうしたらよいか次時へのつながりをもてるようにします。

第３時

（1）本時のねらい

考えを一つにまとめていくために大切なことを考えることができる。

（2）指導ポイント

前時の学習のつながりとして、課題を設定します。うまく話合いが進んだ例をもとに、「どんなところがよかったからみんなで名前を決めること

第４時の板書

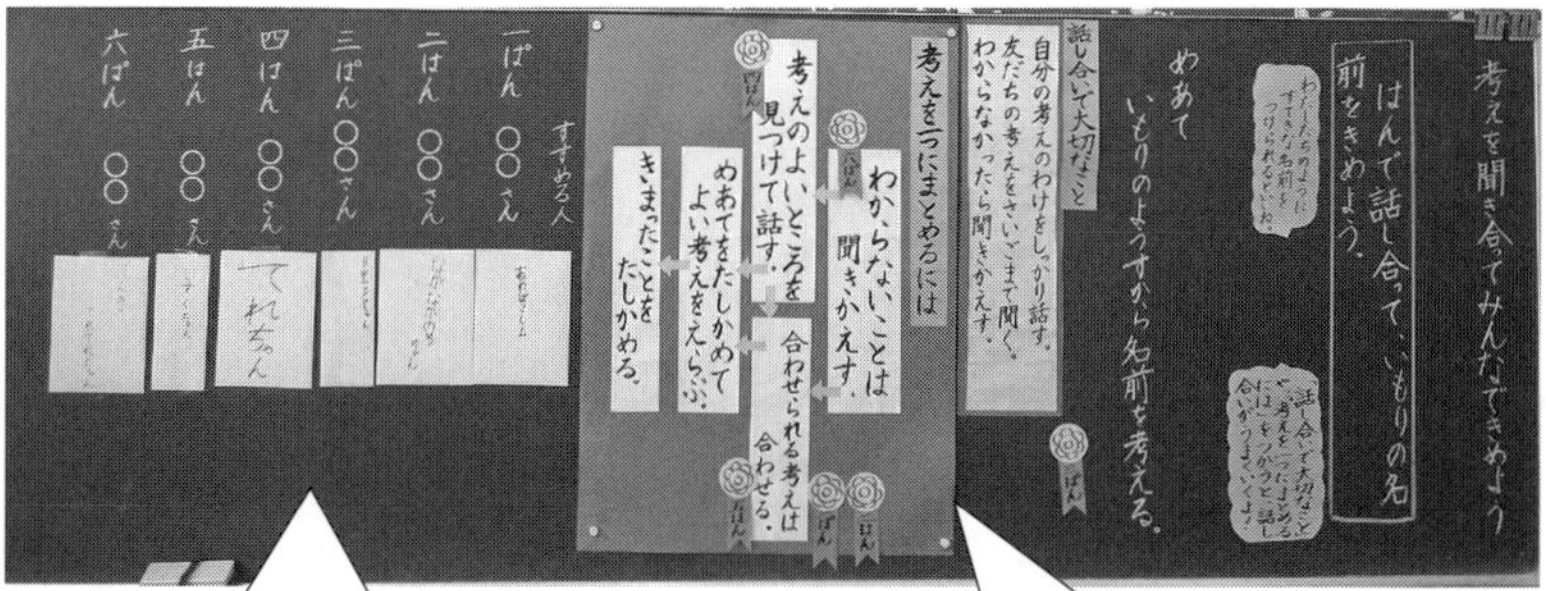

学習の最後に話合いのどの部分がうまくできたのかグループで確かめ、グループで花丸を貼ります。

決まった名前を黒板に位置付けることで、「みんなで決められてよかったな」という思いをもって話合いを終えることができます。

ができたのかな」と発問をします。子どもたちは付箋によいところを書き、友達の考えと似ている時には隣に貼ります。子どもの考えをまとめ、板書に位置付けることで、全員の考えが板書の中に生き、さらに考えを一つにまとめる時のポイントとなることがはっきりわかるようになります。このよい例は、壁面に掲示しておくと、実際に話合いをする時の手立てとなります。

第４時

(1) 本時のねらい

自分の考えを話したり、友達に考えを尋ねたりしながら話題に沿って話し合うことができる。

(2) 指導ポイント

これまでの学習を通して、「早く名前を決めたい」「みんなで話合ってみたい」という思いが膨らんで

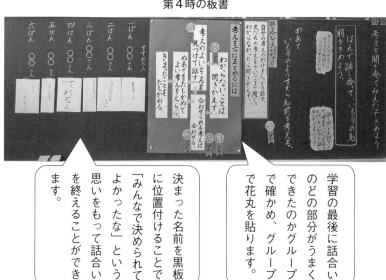

きています。これまで使ってきたキャラクターが、励ましの言葉やアドバイスの一言を言うと、さらに学習への意欲が高まります。これまで学習してきた「話合いで大切なこと」「考えを一つにまとめるには」を板書に位置付け、話合いに入ります。実際の話合いでは、グループを二つに分け、互いの話合いの様子を見ることで、自分たちの話合いにも生かすことができます。学習の振り返りとして、自分たちのグループがうまくできたところを振り返り、花丸を貼ると、できるようになったことを視覚化することができます。

第5時の板書

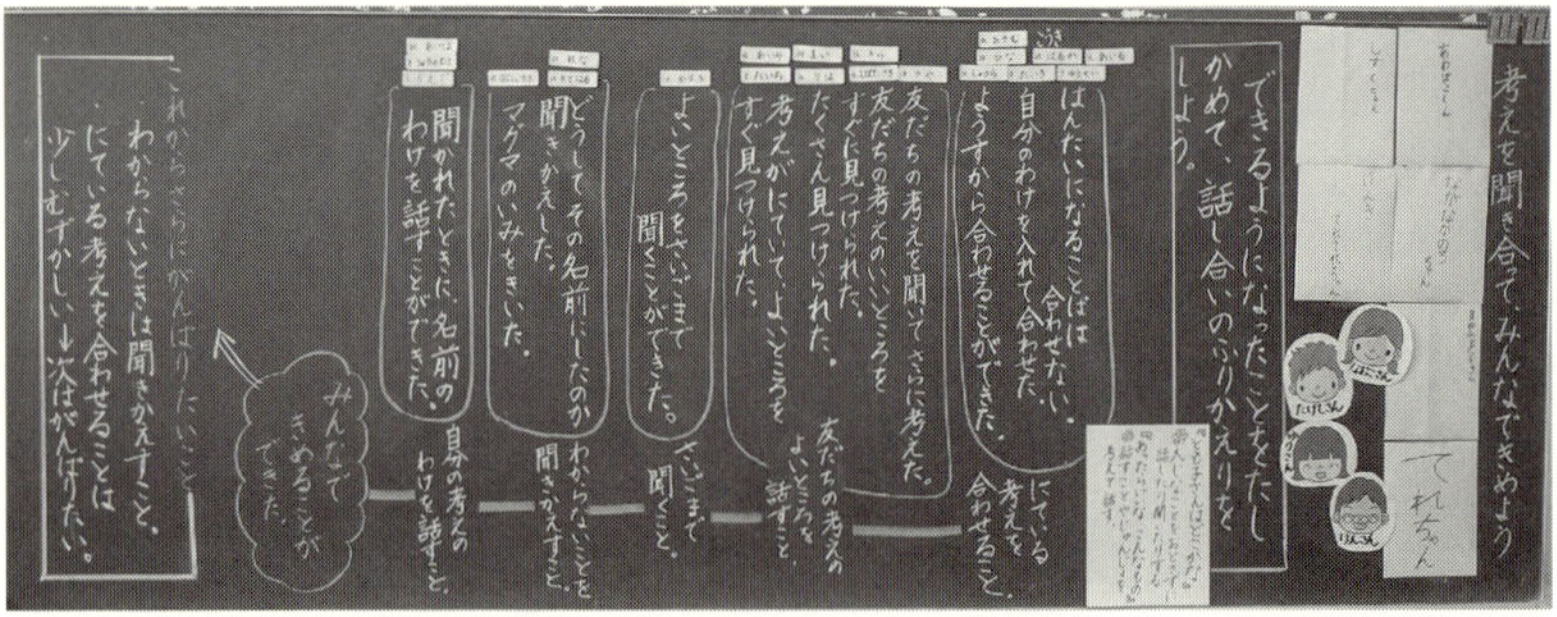

第5時

（1）本時のねらい

話合いの学習でできるようになったことを確かめ、学習の振り返りをすることができる。

（2）指導ポイント

グループで話合い、考えを一つにまとめるような話合いの学習について振り返りの観点を次のように示し、ワークシートで振り返りを行います。

◇自分の考えをわけといっしょに話すことができましたか。
◇わからないことは聞きかえすことができましたか。
◇わけをつけて友達の考えのよいところを話したり、にている考えを合わせたりして、イモリの名前を決めることができましたか。

項目ごとの◎、〇、△での自己評価とともに、「この学習でできるようになったこと」として文章で振り返りを書きます。さらに、これから頑張っていきたいことを児童の発言から引き出し、学習内容がこの単元や国語の学習だけでなく、学級会などの他教科他領域、その他の生活場面でも生かせるように意識付けていくことも大切です。

中学年

単元「クラブ活動リーフレットをつくろう」

言語活動「リーフレット作り」

四年　学習材▼自作リーフレット「演劇クラブリーフレット」

1　単元の特色

(1) 単元の趣旨

子どもたちは、今まで自分が伝えたいことの中心を明確にし、理由や事例を挙げながら相手にわかりやすく説明する書き方について学習してきています。本単元では、連続テキストである文章に非連続テキストである写真を取り上げ、説明する力を身に付けていきたいと考えました。そこで、学習指導要領第三・四学年「B書くこと」の「ウ書こうとすることの中心を明確にし、目的や必要に応じて理由や事例を挙げて書くこと」を主な指導事項とし、「収集した資料を効果的に使い、説明する文章などを書く」言語活動を設定しました。説明文「アップとルーズで伝える」で学んだ写真と組み合わせて読む人にわかりやすく説明することも想定しながら学習を進めることで学びを深めていきたいと考え、本単元を計画しました。

（2）学習材について

「リーフレット」という文種を初めて書くという子どもが多いと予想されます。そこで、最初にリーフレットとはどんなものであるのかを調べ、一人一人が理解することができるようにすることが大切です。今回のリーフレットの題材は、自分が所属するクラブ活動となります。この時期の子どもたちは、クラブ活動に進んで取り組んでいることでしょう。自分が所属するクラブ活動について調べ、三年生に伝えるという言語活動は意欲的に行うことができると考えます。三年生にわかりやすく伝えるために「どんなことを書いたらよいか」「どのように書くことが必要か」などリーフレットを書く際に意識する視点も自然と精選されてきます。今回は架空のクラブ活動である演劇クラブを題材に、教師作成のクラブ活動リーフレットを学習材化し、本実践を行いました。

2 単元目標

○自分の所属するクラブ活動から書くことを決め、三年生にクラブ活動について伝えるために必要な事柄を調べること。（Bア）
○書こうとすることの中心を明確にし、三年生にクラブ活動のよさが伝わるように事例を挙げて書くこと。（Bウ）
○文章の間違いを正したり、よりよい表現に書き直したりすること。（Bオ）

3 評価の観点・方法

【関心・意欲・態度】

・クラブ活動について進んで調べたり、三年生に伝えるため分かりやすく書いたりしている。
（発言、リーフレット）

【書く能力】

・自分のクラブ活動のよさを伝える目的に合った題材を選んでいる。
・内容のまとまりによって段落を分けながら書いている。
・写真と文章を対応させながら書いている。
・よりよい表現となるように書き直している。（リーフレット・発言）

【言語に関する知識・理解・技能】

・句読点を適切に打ち、必要な箇所は改行して書いている。（リーフレット）

4 単元計画

次	時	学習活動	○指導上の留意点　☆評価
一	1	●いろいろなリーフレットを見る。 ●学習の見通しをもつ。	○リーフレットを見比べながら共通点を探すことで特徴をつかめるようにする。

		【三年生に自分のクラブ活動の楽しさをリーフレットで伝えよう】 ●簡単な学習計画をたてる。	○単元の目標を確認した後、学習計画をたてて学習の見通しがもてるようにする。
二	2	●リーフレットの構成要素を確かめる。	○リーフレットの構成要素を確かめることで、どこに何が書いてあるのか一人一人が理解できるようにする。
	3	●自分のクラブ活動の楽しさについて考える。	○「楽しさ」をいくつか書き出し、二つに決める。
	4	●自分の考えたクラブ活動の楽しさの事例と写真が合うように文章の組み立てを考える。	○自分の考えたクラブ活動の楽しさを三年生に伝えられるようにリーフレットの構成を考える。
	5	●リーフレットを下書きする。	☆三年生に伝わるようにクラブ活動のよさと写真を合わせてリーフレットの構成を考えている。
	6	●伝えたいことと事例・写真が合っているのか推敲し確かめ合う。	○三年生に自分たちが伝えたいことが伝わるかどうかを考えながら推敲を行わせていく。
	7	●リーフレットを清書する。	○推敲したことを生かしながら清書を行わせる。
三	8	●でき上がったリーフレットを読み合う。	○リーフレットを読み合い、友達のよさを認めると共に、学習で身に付いたことを振り返るようにする。

第１時の板書

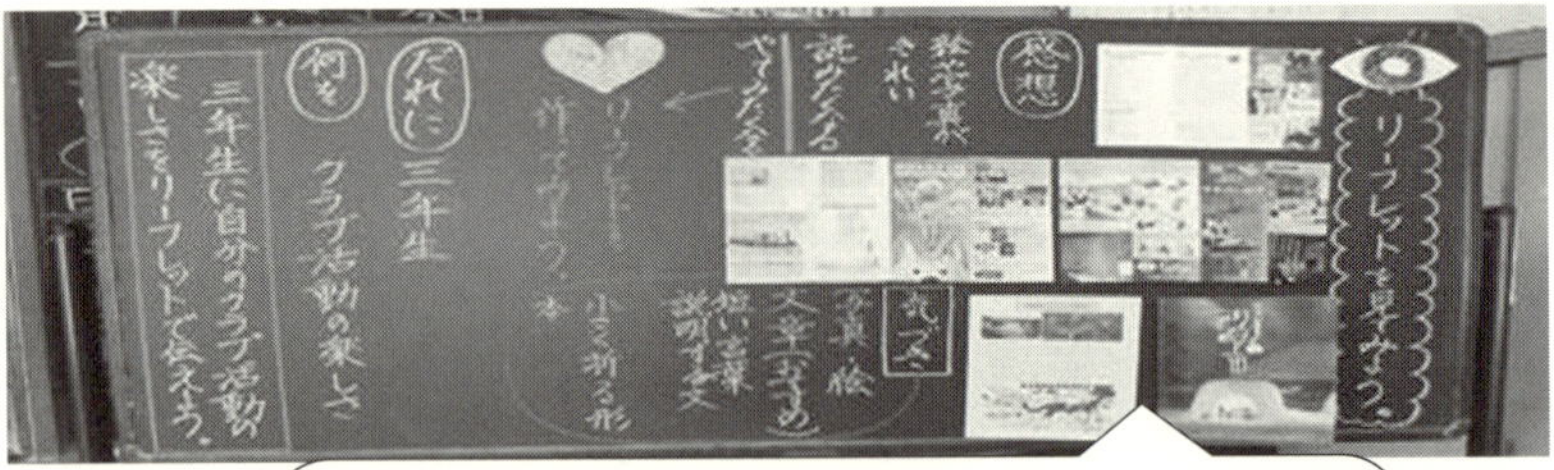

実際に使われているリーフレットを提示します。
①絵や写真がある。
②説明する文章がある。
③キャッチコピーなどの特徴を見つけ、書く意欲を引き出していきます。

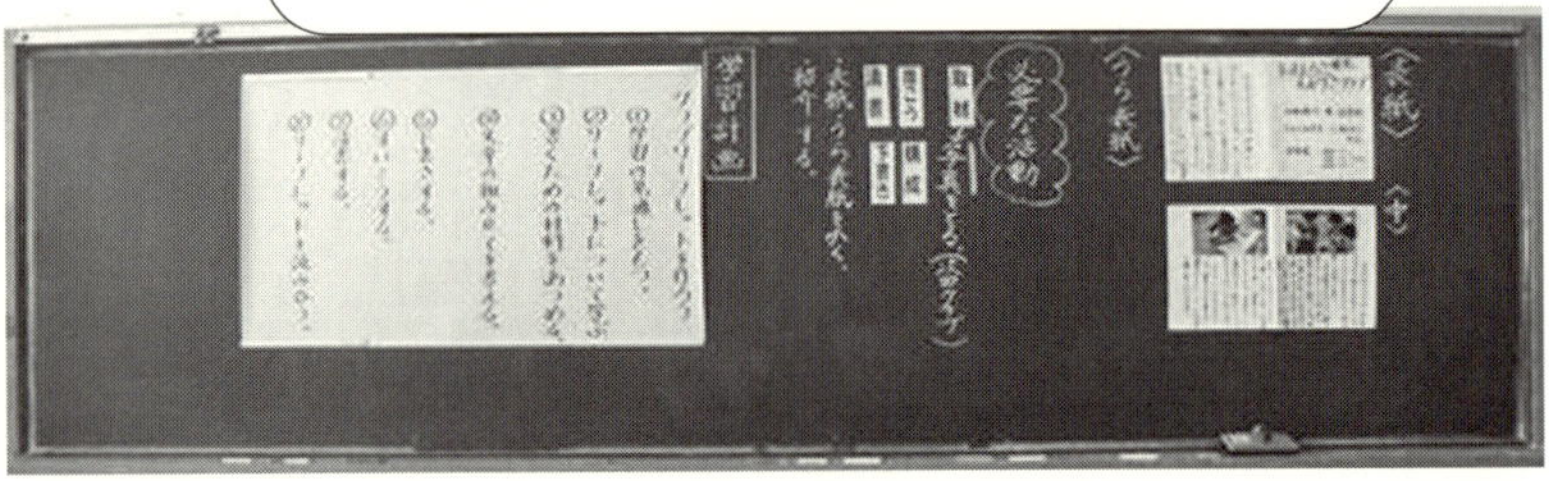

5 授業展開

第1時

（1）本時のねらい

リーフレットを用いて三年生にクラブ活動の楽しさを伝えることへの見通しをもつことができる。

（2）指導ポイント

始めに「リーフレット」とはどのようなものかをみんなで確かめました。実際に地域で用いられているリーフレットを数種類用意し、共通点を探すことでリーフレットの特徴をつかめるようにします。その際にパンフレットとリーフレットの違いにも触れるとよいでしょう。

第２時の板書

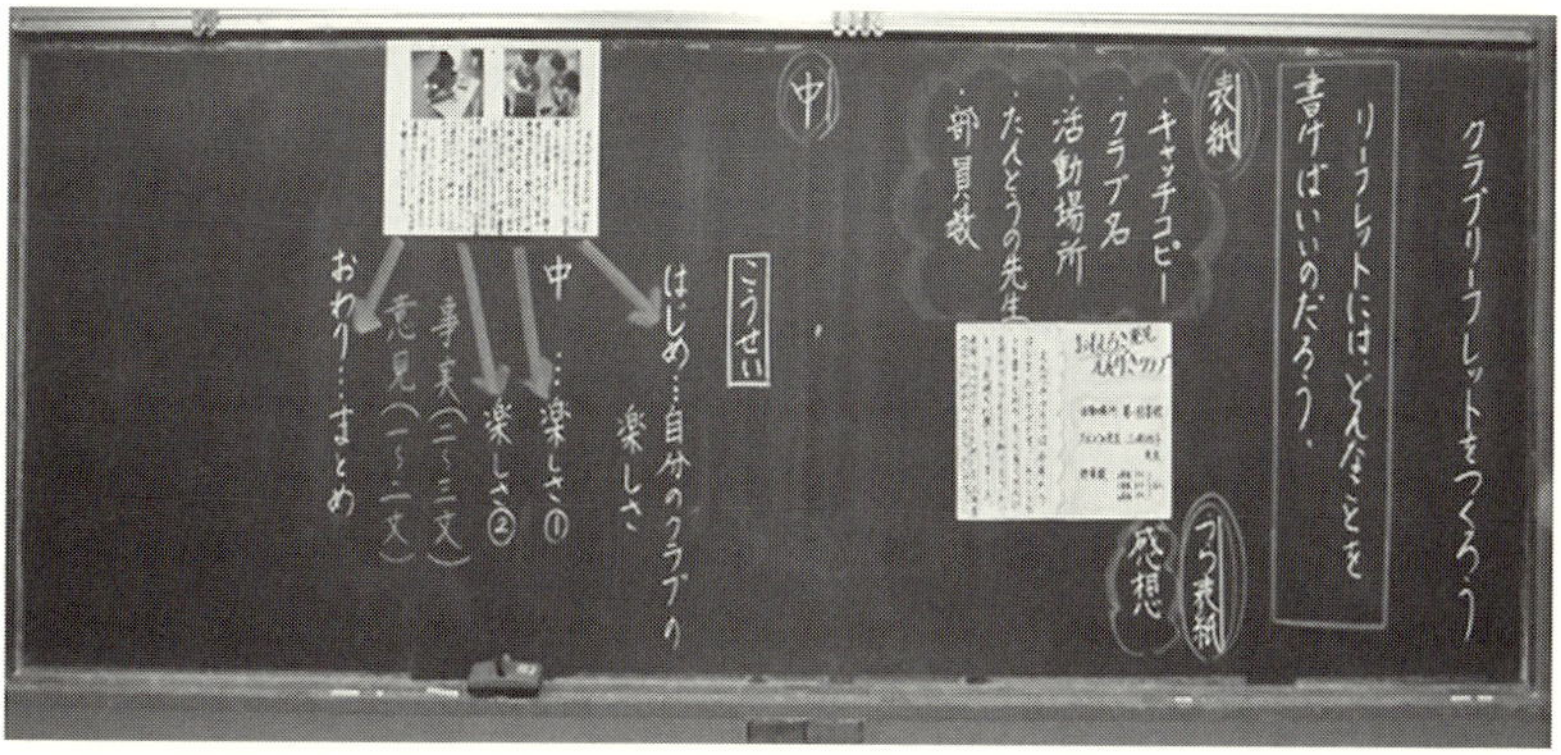

リーフレットの教師作成モデルを用いながら、リーフレットを書く活動にはどのような学習活動が必要かを考えさせます。「書くこと」の学習で身に付けてきた力を一人一人が振り返ると共に、学習の見通しもより明確なものとなっていきます。

第２時

(1) 本時のねらい

クラブ活動リーフレットには、何がどのように書いてあるのか確かめることができる。

(2) 指導ポイント

教師作成モデルリーフレットを用いて、何が書かれているか考える時間となります。教師作成モデルリーフレットは、子どもの実態と教材の特性、身に付けたい力を考えながら作ってみましょう。実際に子どもたちの活動を体験することとなるので、有効な教材研究になります。今回は、実際のクラブ活動の中にはない「演劇クラブ」を想定してリーフレットを作ってみました。表紙や裏

第３時の板書

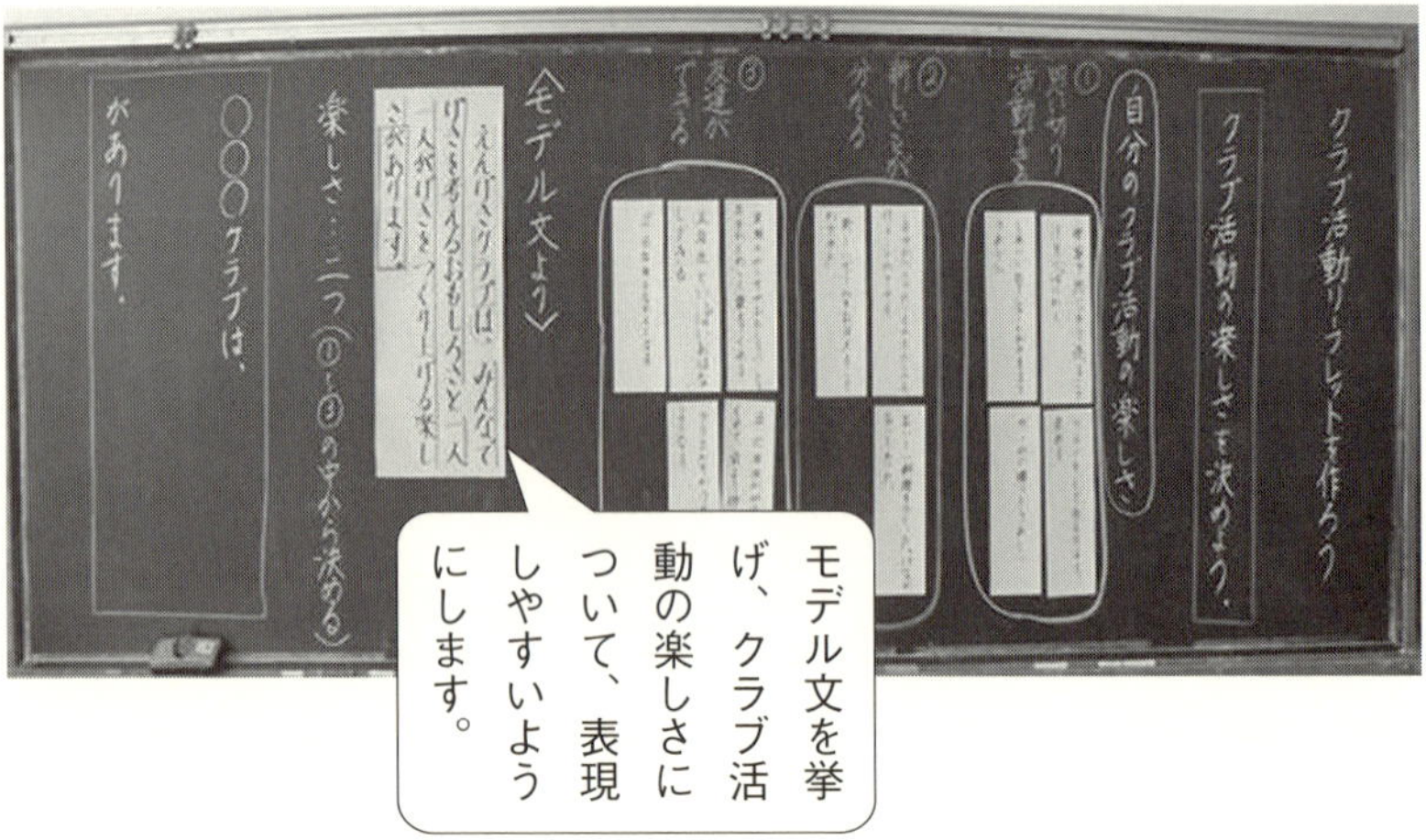

表紙には、三年生への紹介ということを考え、「勧誘のキャッチコピー」「クラブ名」「活動場所」「担当の先生」などを書くこととしました。また、写真と文章が書いてあるという気付きや文末表現などから、「初め・中・終わり」の文章の展開に促して何を書くとよいか考えられるようにしましょう。また「中」部分の事実や意見をどのように書いているのかを考えることで、各クラブに行う取材も深まっていくこととなるでしょう。

第３時

(1) 本時のねらい

自分のクラブ活動の楽しさを二つ決めることができる。

(2) 指導ポイント

まず、紙に自分のクラブ活動の楽しさを書き出し、分類していきます。このときは、友達同士で教え合う活動をとり入れました。この活動をすることによって、より自分の考えに

第４時の板書

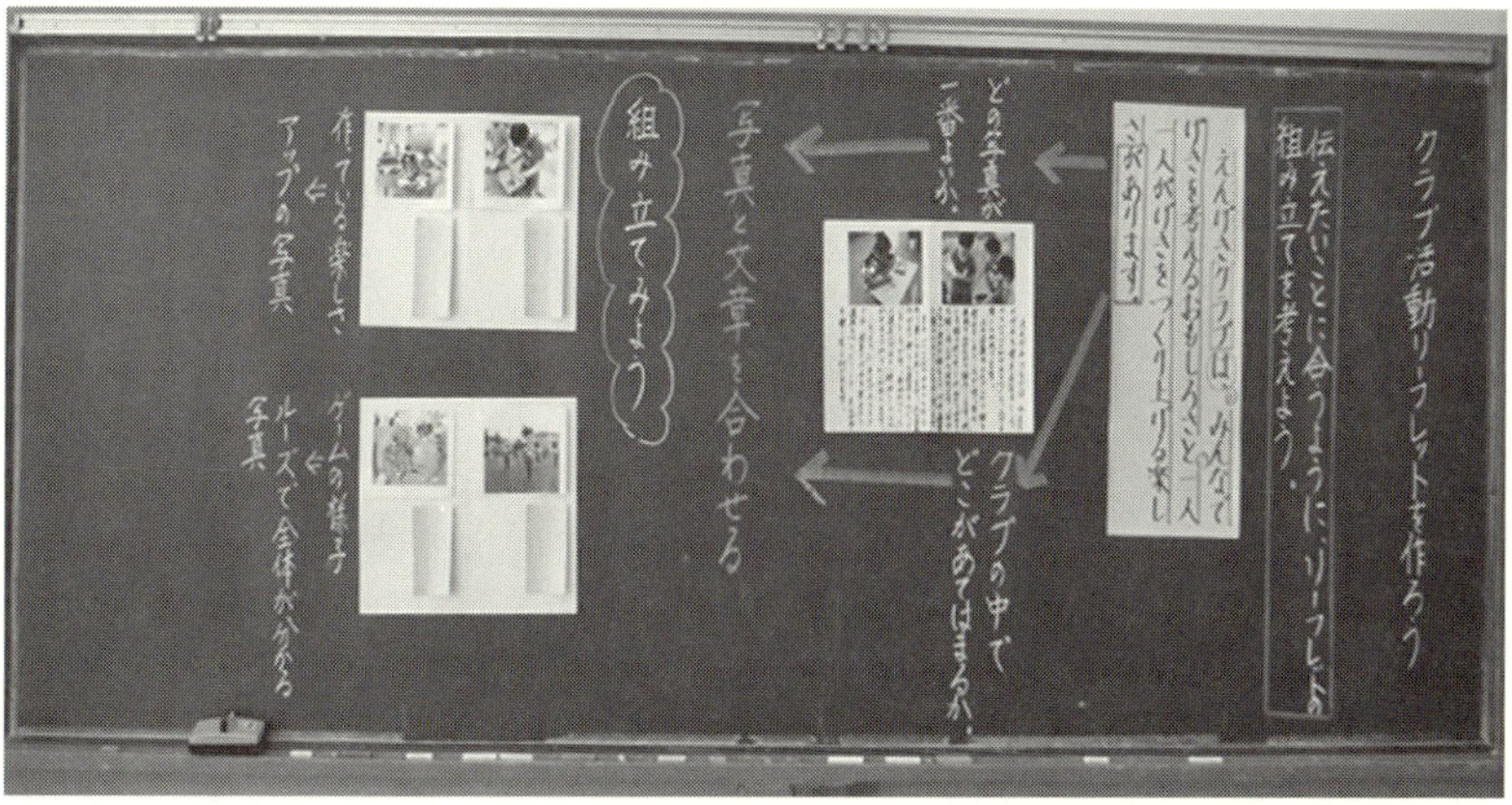

合った楽しさを探す手がかりにもなったり、今まで気付かなかった楽しさを発見することに繋がったりしていきます。本時は、分類しましたが、単純に掲示することも考えられます。子どもの実態に合わせて分類したり提示したり決めて行う方がよいと思います。分類したあと、子どもたちの言葉で「①思い切り活動できる②新しいことがわかる③五・六年生の友達ができる」の三つにまとめます。その後、自分の決めた楽しさを①～③の中から二つ選んでいきます。

第４時

(1) 本時のねらい

クラブ活動の楽しさが伝わるように、リーフレットの組み立てを考えることができる。

(2) 指導ポイント

本時ではリーフレットの中部分の文章構成を考えていきます。自分が考えるクラブ活動の楽しさがしっかりと伝わるようにするために「中」部分を詳しく書けるようにしています。このことを子どもたちとしっかり共有していくことが大切です。

教師作成モデルリーフレットを見ると、自分が考えた楽しさは、クラブ活動のどの場面になるのかを考えなければならない必要が出てきます。そこで、自分が三年生に伝えたい楽しさはクラブ活動のどの部分であるのか、もしくはクラブ活動全体を言っているのか考え、付箋に書いていくこととします。その後、付箋を動かしながら、自分の考えを伝えるためにどのような順番で書くとよいか、どのような写真と組み合わせたらよいか考えることで「中」の文章構成を作っていきます。「中」部分がある程度出来たら、「初め」の部分と「終わり」の部分に何を書くのかそれぞれ考えていきます。そうすることで、自分が伝えたいことを明確にするために段落の役割を意識することで繋げていきます。

文章の組み立てが決まると、実際にクラブ活動の取材を行います。事前に撮影の許可をとるとよいでしょう。また、動いているものを撮ることは難しい場合もありますので、教師が撮影の手助けをしてあげるとよいでしょう。※第5時（下書き）は省略

第6時

(1) 本時のねらい

下書きを読み合い、伝えたいことが伝わるか確かめることができる。

自分の文章について、何を伝えたいのか説明しています。その気持ちが伝わるように推敲していきます。

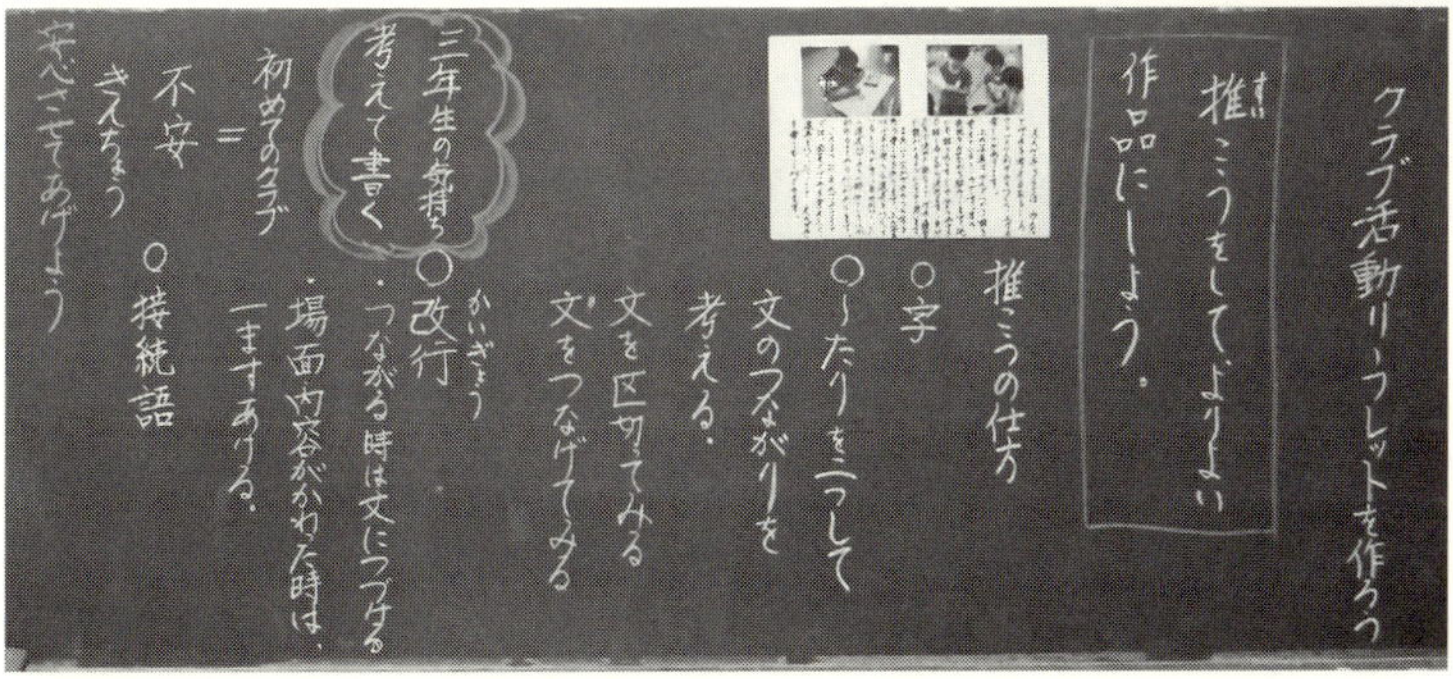

（2）指導ポイント

子どもたちが書いた下書きを電子黒板に写すことで、子どもたちが実際に書いた表現を読み合いながら推敲できるようにしていきます。最初は、表記の推敲についての意見が多く出ていましたが、三年生の気持ちについて考える発問をきっかけとして、初めてのクラブで緊張していたり不安になったりしている三年生に伝えるためにどう書いたらよいか考え、付け足す文や言葉、「中」部分の構成の順序の吟味を行います。電子黒板に全文を写すことによって、推敲し直した表現一部分にするのではなく、文章全体がより整った文章になったことを実感にすることにつながります。※第七時（清書）第8時（読み合い）は省略

高学年

第五・六学年複式学級

単元　五年生「物語を読み、自分の考えをまとめよう」
六年生「物語を読み、人物の生き方について話し合おう」

五年　学習材▼「わらぐつの中の神様」
六年　学習材▼「海の命」

1　単元の特色

(1) 単元の趣旨

本単元を貫く言語活動として、五年生は「物語を読み、作品や人物に対する自分の考えをまとめる」こと、六年生は「物語を読み、人物の生き方や命について自分の考えをまとめ、友達と考えを交流する」ことを位置付けました。五年生は、登場人物の人柄や考え方、場面の描写をとらえながら読み、自分が考えたことを文章にまとめることで、作品のもつ特色や登場人物の魅力に気付かせたいと考えました。

六年生は、作品に描かれている人物の生き方や考え方に触れ、自分が考えたことを友達と交流することで、より考えが深まるのではないかと考えました。したがって、本単元でねらう「登場人物の相互関係や心情、場面についての描写をとらえ、優れた叙述について自分の考えをまとめること。」(C読むことエ)や、「本や文章を読んで考えたことを発表し合い、自分の考えを広げたり深めたりすること。」(C読むことオ)を実現するのにふさわしい単元であると考え、本単元を設定しました。

(2) 学習材について

本学習材「わらぐつの中の神様」は、現在―過去―現在という構成をとっており、昔話の語り手であるおばあちゃんが、実は昔話の主人公であるおみつさんだったというおもしろさも加えられています。雪の描写や雪の中での暮らしなど、雪が話の中で重要な要素となっており、会話に使われている方言も物語の舞台になっている地方の雰囲気や人物の人柄を効果的に表しています。また、「海の命」は、六つの場面で構成されており、主人公「太一」の成長に沿って話が進行しています。それぞれの場面において、太一の成長にかかわる登場人物の言葉や生き方が描かれ、その影響を受けながら太一が自分自身の生き方を決めていくという話になっています。

「わらぐつの中の神様」は、物語そのものを味わいながら物語のおもしろさをとらえ、自分の考えをまとめるのにふさわしい学習材であると考えました。また、「海の命」は、主人公の成長を通し、生きることや自然とのかかわり方を考えさせてくれる物語であり、自分の生き方や命を見つめるのにふさわしい学習材であると考えました。

2 単元目標

五年生	六年生
○登場人物のものの見方や考え方に興味をもち、物語を読もうとしている。 ○登場人物の相互関係や心情、場面についての描写をとらえ、優れた叙述について自分の考えをまとめることができる。（Cエ） ○比喩や反復などの表現の工夫に気付くことができる。（イ(ケ)）	○登場人物の生き方と自分とを重ね合わせながら、物語を読もうとしている。 ○物語を読んで考えたことを発表し合い、自分の考えを広げたり深めたりすることができる。（Cオ） ○文章にはいろいろな構成があることについて理解することができる。（イ(キ)）

3 複式の指導

複式学級では、教師と一緒に学習する直接指導の時間と、教師の手を離れ、自分の力で学習する間接指導の時間があります。五年生においては、直接指導で話し合った後の間接指導の時間に、作品に込められた思いや作者が伝えたかったことを考え、題名の「わらぐつの中の神様」の「神様」とは何かを考える活動を行います。直接指導での学び合いを生かし、登場人物の心情の変化や作品の世界観をとらえながら、自分の考えをまとめました。六年生は、間接指導が先であるため、直接指導の際に自分の考えを発表できるように、考えを整理し文章にまとめておきました。主人公の気持ちがどこで変化したのかをとらえ、考えの根拠についても触れながら書き、さらにペアの人と交流することで、自分の考えとの共通点や相違点を見付けることができました。

4 単元計画

主な学習活動と評価						
評価規準	五年生	時	次	時	六年生	評価規準
[関] 学習の見通しをもち、これからの学習に興味・関心をもっている。	・題名から想像することを発表し合う。 ・「わらぐつの中の神様」の全文を読み、学習課題を設定し、学習計画を立てる。	1	第一次	1	・伝記の学習を振り返り、生き方や命について自分の考えを発表し合う。 ・「海の命」の全文を読み、学習課題を設定し、学習計画を立てる。	[関] 学習の見通しをもち、これからの学習に興味・関心をもっている。

評価規準	〔読エ〕登場人物の相互関係や心情、場面についての描写をとらえ、優れた叙述について自分の考えをまとめている。			
五年生	・物語の設定、おばあちゃんとマサエのわらぐつに対する見方の違いを読み取る。	・おみつさんの人柄と、大工さんの考え方や心の動きを読み取り、人物像をとらえる。	・マサエの気持ちの変化とおばあちゃんの気持ちを読み取る。 ・構成の特色をとらえる。	・わらぐつの中にいる「神様」について考える。
時	2	3	4	5
次	第二次			
時	2	3	4	5
六年生	・父の生き方についてとらえる。	・与吉じいさの生き方と太一の成長を読み取る。	・母の思いをとらえる。	・太一の心の変化について考える。
評価規準	〔読エ〕登場人物の相互関係や心情、場面についての描写をとらえ、優れた叙述について自分の考えをまとめている。			

[読オ] 本や文章を読んで考えたことをまとめ、発表し合い、自分の考えを広げたり深めたりしている。	[読オ] 本や文章を読んで考えたことをまとめ、発表し合い、自分の考えを広げたり深めたりしている。
・作品に対する自分の考えを文章にまとめる。 ・並行読書してきた杉みき子作品を交流し、学習のふり返りをする。	・登場人物の生き方についての考えを文章にまとめる。 ・他の作品に描かれている生き方や命について交流し、学習の振り返りをする。
6 7	6 7
第三次	第三次

5 授業展開

第1時

(1) 本時のねらい

五年生 「わらぐつの中の神様」を読んで、学習計画を立てる。

六年生 「海の命」を読んで、学習計画を立てる。

第１時の板書

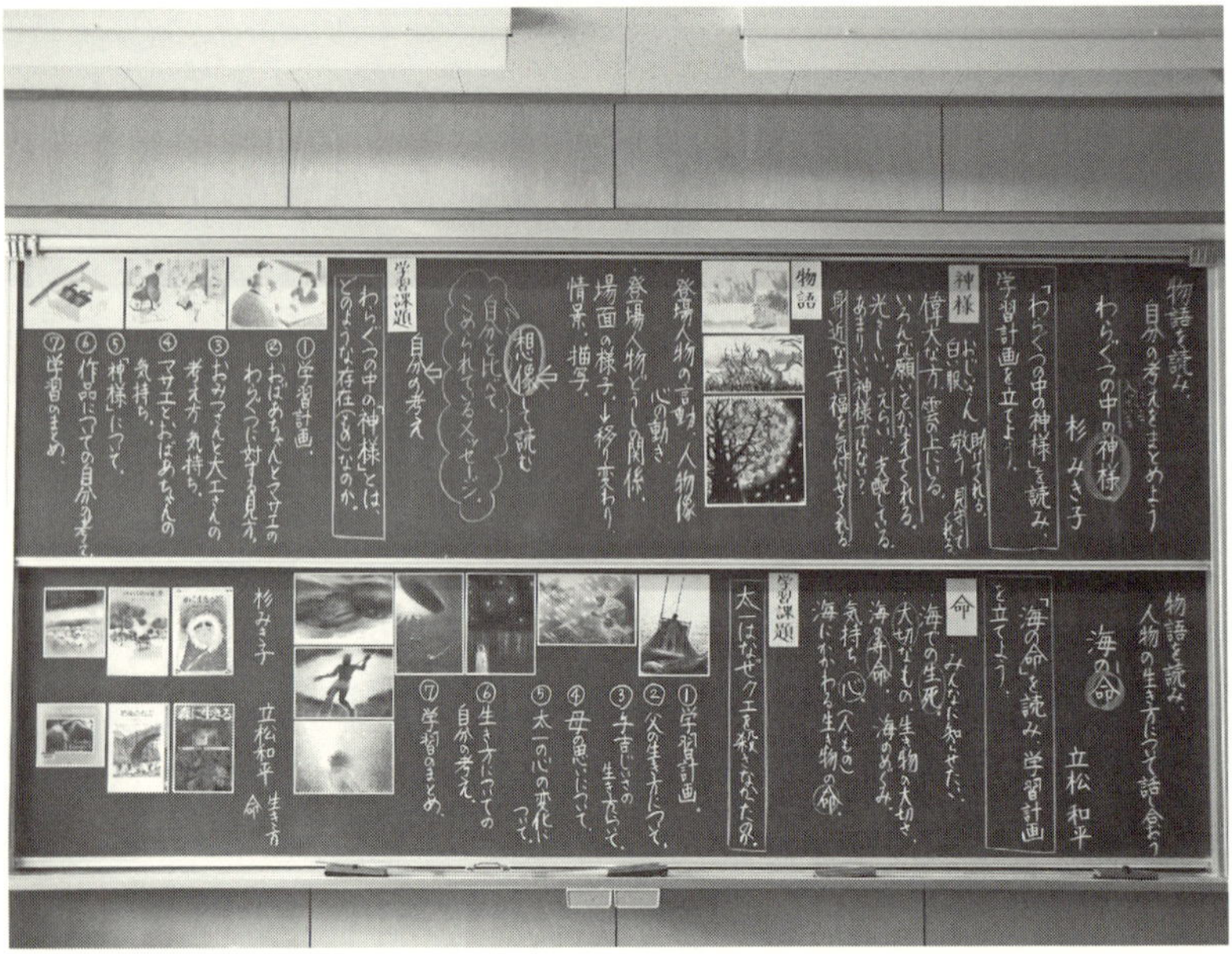

（２）指導ポイント

初めに題名の中の「神様」、「命」を子どもたちがどのように考えるのかを話し合いました。単元の学習課題を設定する上で、この二つのキーワードはとても重要であると考えたからです。

さらに、単元の学習課題を設定し、今後の学習計画を立て、単元のゴールを確認しました。子どもたちと一緒に単元の計画を立てることは、子どもたちが見通しをもって学習することができ、子どもたちの主体的な学びにつながります。

第２時

（１）本時のねらい

五年生　おばあちゃんとマサエのわらぐつに対する見方の違いを読み取る。

六年生　もぐり漁師だった父の生き方につい

第２時の板書

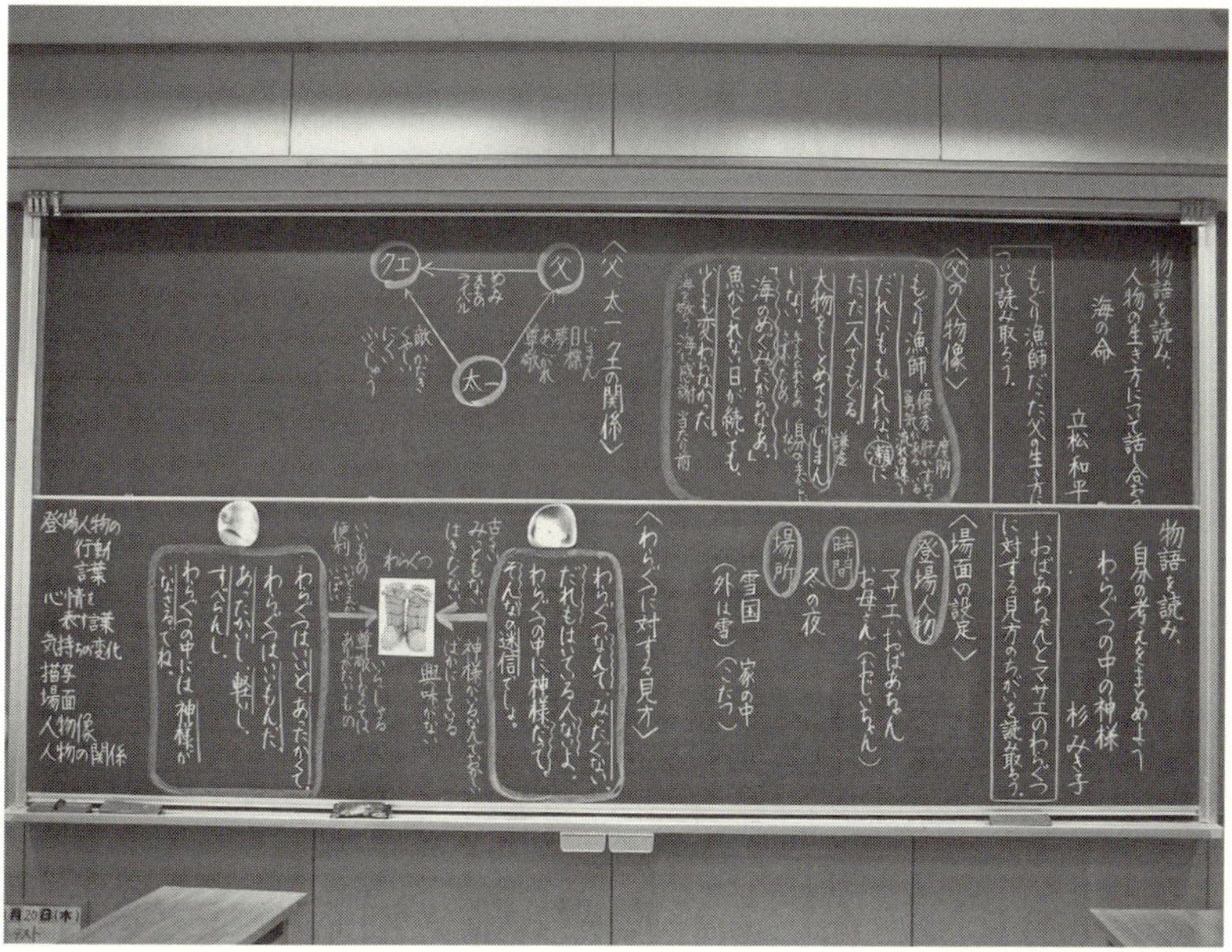

て読み取る。

（２）指導ポイント

五年生は、登場人物や時間、場所などの場面の設定をとらえた後、マサエとおばあちゃんのわらぐつに対する見方の違いを会話文から見つけ、ワークシートにまとめました。

六年生は、太一の父の人物像がわかる表現を文章中から見つけ、自分はどんな人物ととらえたかを話し合いました。父と太一とクエの三者の関係を相関図にまとめることで、三者の関係がよりはっきりします。

第３時

（１）本時のねらい

五年生　おみつさんと大工さんの考え方や気持ちを読み取る。

第３時の板書

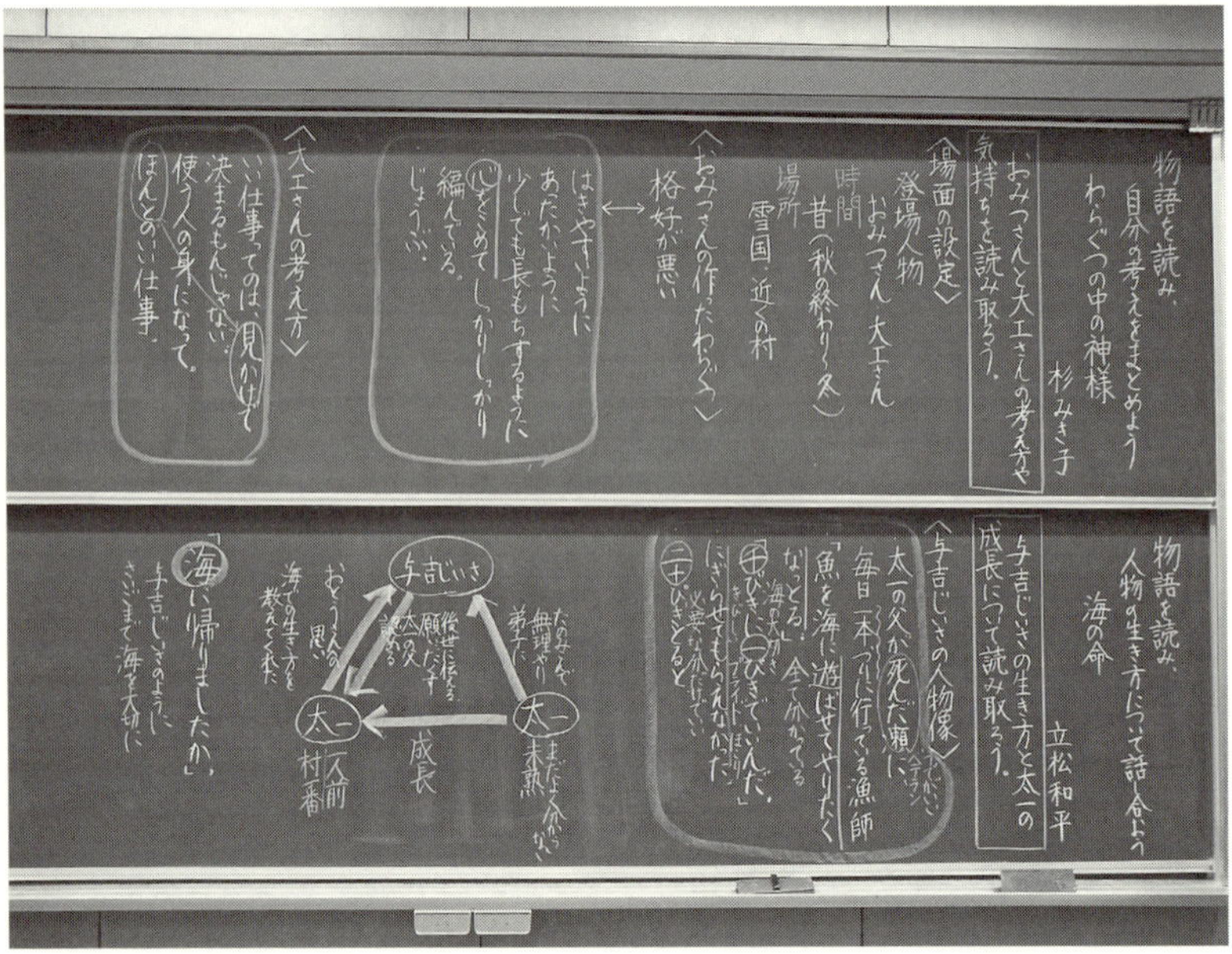

六年生　与吉じいさの生き方と太一の成長について読み取る。

（2）指導ポイント

五年生は、おみつさんはどんな思いをこめてわらぐつを作ったのかを読み取りました。大工さんの仕事に対する考え方も一緒に読み取ることで、二人の考え方の共通性についてもとらえることができました。

六年生は、与吉じいさの人物像がわかる表現を文章中から見つけ、どんな人物ととらえたかを話し合い、相関図にまとめました。太一の考え方に大きく影響を与えた与吉じいさの生き方を知ることは、太一の心情を読み取る上で重要なポイントです。

第4時の板書

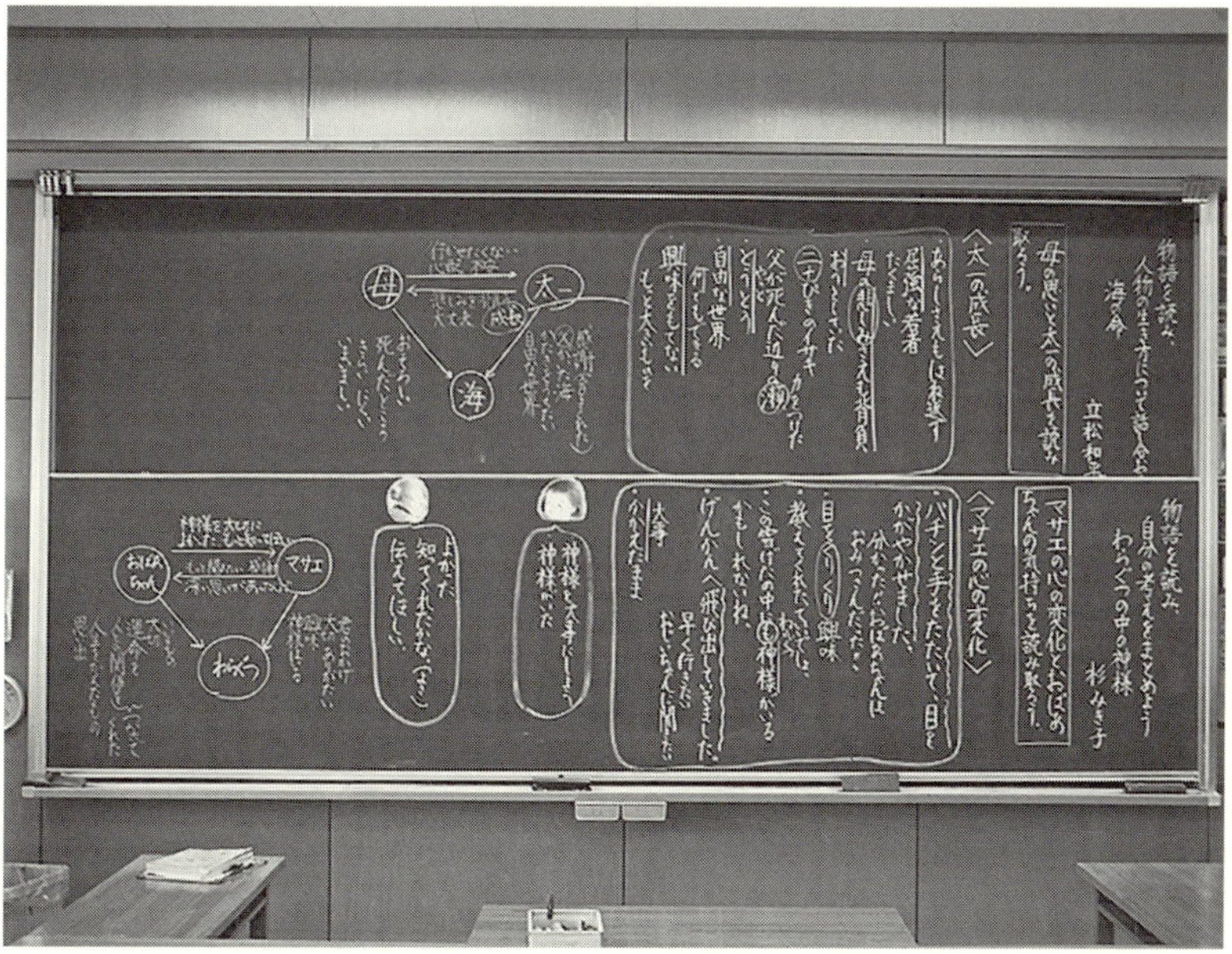

第4時

(1) 本時のねらい

五年生　マサエの心の変化とおばあちゃんの気持ちを読み取る。

六年生　母の思いと太一の成長を読み取る。

(2) 指導ポイント

五年生は、マサエの心の変化がわかる表現を文章中から見つけ、どんな風に変わったのかを話し合い、マサエとおばあちゃんのわらぐつに対する思いを相関図にまとめました。六年生は、太一の成長が分かる表現を文章中から見つけ、どんな風に成長したのかを話し合い、太一と母、海に対する思いを相関図にまとめました。

登場人物の心情の変化や成長が見られる本時は、単元の学習課題を解決する上で、鍵を握る時間になりました。

第５時の板書

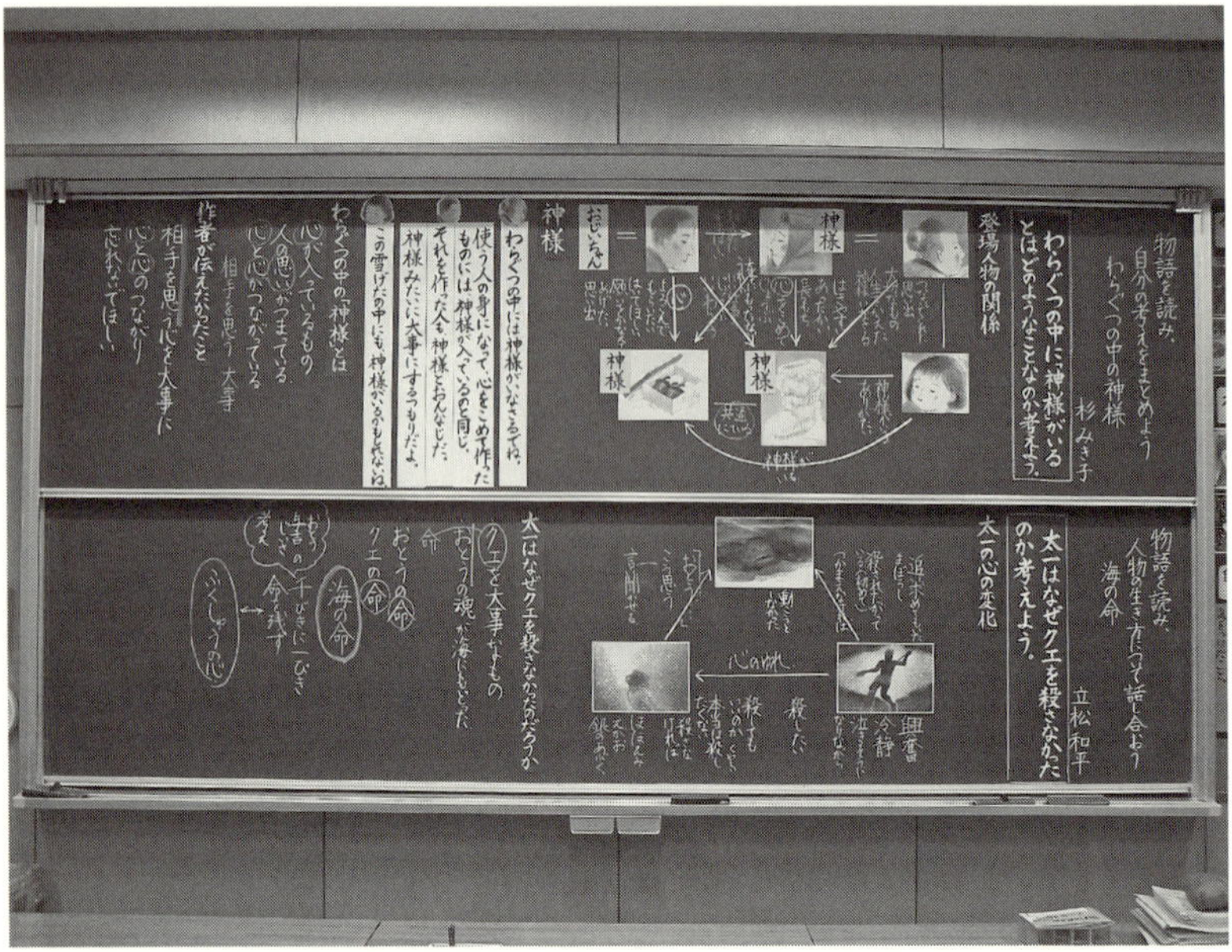

第５時

（１）本時のねらい

五年生　わらぐつの中に「神様」がいるとは、どのようなことなのか考える。

六年生　太一はなぜクエを殺さなかったのか考える。

（２）指導ポイント

五年生は、わらぐつの中の「神様」を自分はどうとらえたのか、話し合いました。さらに、筆者がこの物語を通して伝えたかったメッセージについても考えました。

六年生は、太一がクエを殺さなかった理由について自分はどう考えるか、話し合いました。

授業の初めに相関図で登場人物の関係や心情の変化を振り返ったことが、課題を解決する上で大きな手がかりになりました。

第6時の板書

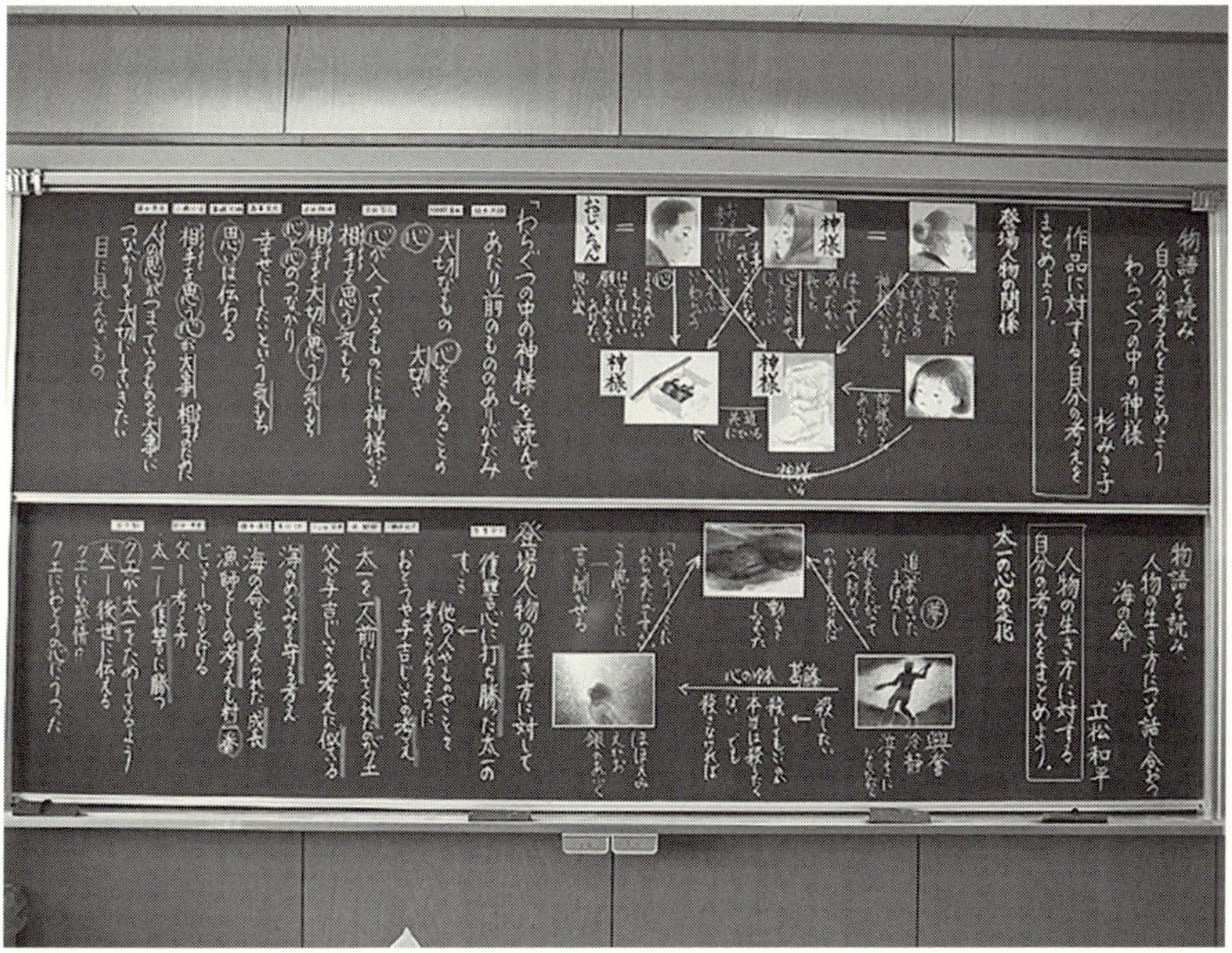

第6時

(1) 本時のねらい

五年生　作品に対する自分の考えをまとめる。
六年生　人物の生き方に対する自分の考えをまとめる。

(2) 指導ポイント

五年生も六年生も、前時にまとめた相関図を振り返り、五年生は「わらぐつの中の神様」を読んで、自分はどんなことを考えたのか、六年生は「海の命」に出てきた登場人物の生き方について自分はどんなことを考えたのかを発表し、考えの共通点や相違点について話し合いました。友達の考えを聞くことで自分の考えとの共通性を見いだしたり、新たな考えに触れ、自分の考えが広がったり、深まったりします。それをもとに、自分の考えを文章にまとめました。

第７時の板書

第７時

（1）本時のねらい

五年生　杉みき子の作品を交流し、単元の学習を振り返る。

六年生　生き方や命について書かれてある作品を交流し、単元の学習を振り返る。

（2）指導ポイント

単元を通して並行読書してきた作品を交流し、自分はどんなことを学んだのか、どんなことを考えたのかを発表し合いました。単元で学んだ学習材と、並行読書してきた作品の共通点や、新たに学んだことについても話し合うことで、新たな読書へのきっかけ作りにもなりました。さらに、単元を通してどんな力が付いたのか考えることで、自分のこれまでの学びを価値付けることができ、次の意欲にもつながりました。

6 教室掲示

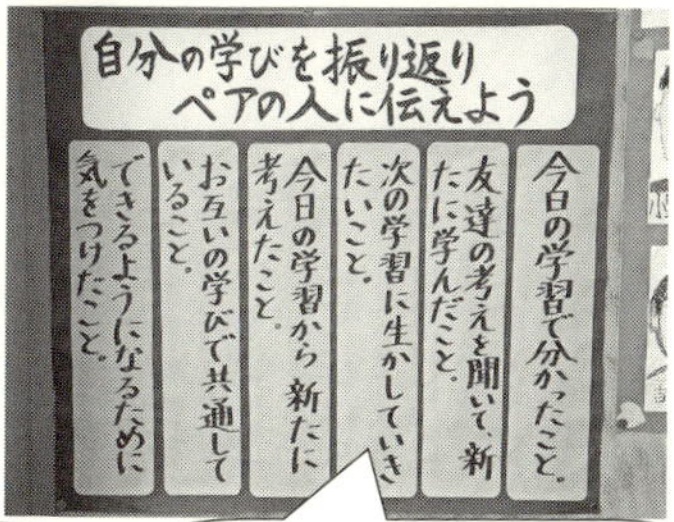

積極的に並行読書に取り組んでもらいたいと考え、同じ作者の本を掲示し、目にとまるようにしました。

また、授業の振り返りのときにどんなことを話せばよいのかがすぐ見られるように、話す観点を掲示しました。

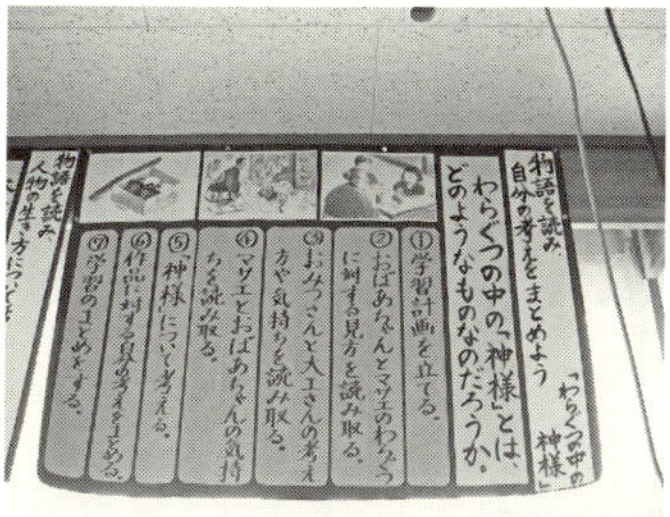

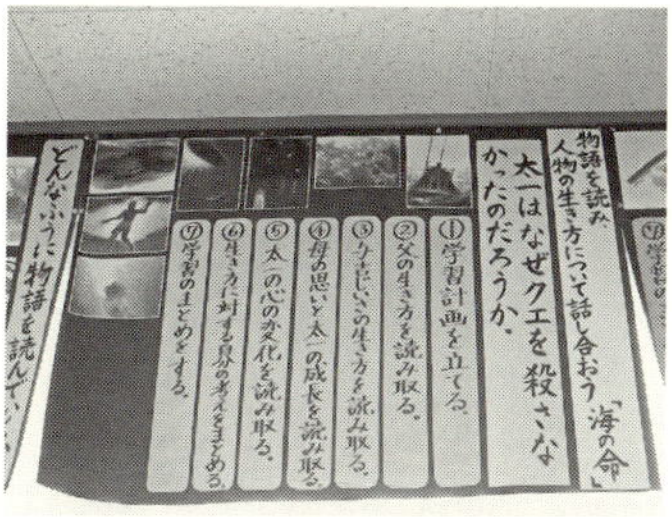

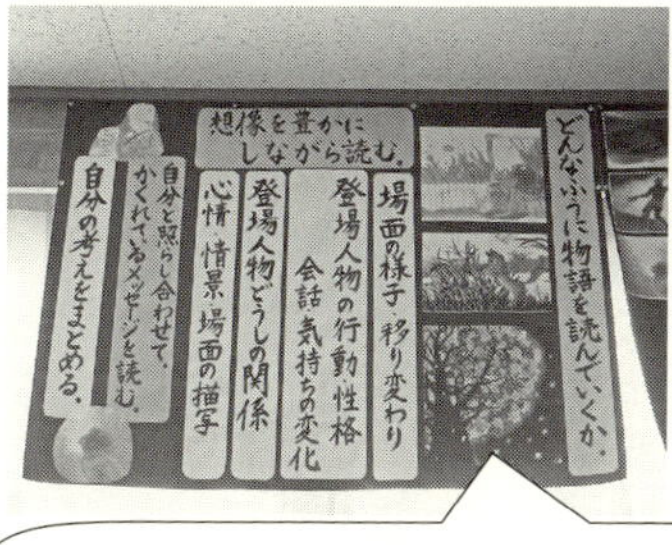

単元の学習の流れがわかるように、教室の横に掲示をしました。今までどんなことを学習したのか、今日は何を学習するのか、次の時間は何を学習するのかがはっきりし、子どもが主体的に学習するための手立てになりました。

物語の学習の仕方も合わせて掲示をし、どんなことに気を付きながら読んでいけばよいのかを提示しました。

『板書』編

〔編著者・執筆箇所一覧〕　※所属は執筆時

編集責任者

藤井知弘（岩手大学教授）…Ⅰ章、Ⅲ章

編著者

黒澤みほ子（盛岡市立中野小学校主幹教諭）…Ⅱ章、Ⅲ章

執筆者

八重樫陽子（盛岡市立緑が丘小学校教諭）…Ⅳ章１

西　瑞穂（盛岡市立仁王小学校教諭）…Ⅳ章２

小原ひとみ（岩手大学教育学部附属小学校教諭）…Ⅳ章３

企画編集担当

藤田慶三（日本国語教育学会常任理事・総務部長）

〔シリーズ国語授業づくり　企画編集〕（五十音順）

泉　宜宏

今村久二

大越和孝

功刀道子

福永睦子

藤田慶三

シリーズ国語授業づくり
板書
―子どもの思考を形成するツール―

2015（平成27）年 8 月10日　初版第 1 刷発行
2017（平成29）年 4 月11日　初版第 5 刷発行

監　　修：日本国語教育学会
企画編集：藤田慶三
編　　著：藤井知弘・黒澤みほ子
発 行 者：錦織　圭之介
発 行 所：株式会社　東洋館出版社
〒113-0021　東京都文京区本駒込 5 丁目16番 7 号
営業部　電話 03-3823-9206　FAX03-3823-9208
編集部　電話 03-3823-9207　FAX03-3823-9209
振替　00180-7-96823
URL　http://www.toyokan.co.jp
デザイン：株式会社明昌堂
印刷・製本：藤原印刷株式会社

ISBN978-4-491-03143-9　Printed in Japan

シリーズ国語授業づくり

【全6巻】

日本国語教育学会　監修

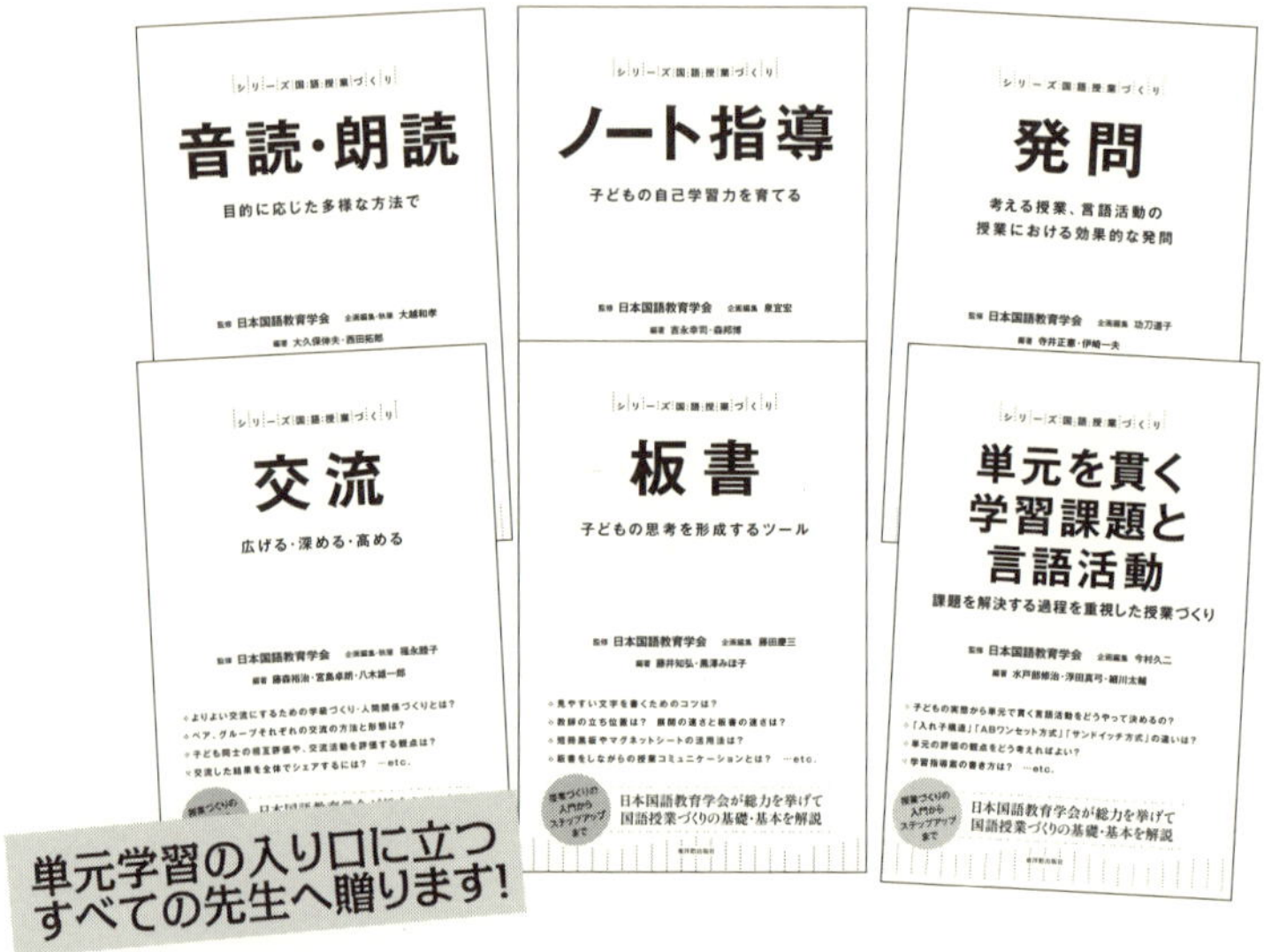
シリーズ国語授業づくり
音読・朗読
目的に応じた多様な方法で
ノート指導
子どもの自己学習力を育てる
発問
考える授業、言語活動の授業における効果的な発問
交流
広げる・深める・高める
板書
子どもの思考を形成するツール
単元を貫く学習課題と言語活動
課題を解決する過程を重視した授業づくり
日本国語教育学会が総力を挙げて国語授業づくりの基礎・基本を解説
単元学習の入り口に立つすべての先生へ贈ります!

日本国語教育学会が総力を挙げて編集・執筆!

本シリーズでは、単元学習を最終目標としながらも、その前段階でもっと基礎的な指導のスキルを磨きたいと考えている若い先生向けに、「板書」「音読・朗読」など、実践的で具体的な切り口に絞ったテーマを取り上げ、付けたい力や特徴的なキーワードを収載。若い先生はもちろんのこと、若い先生を指導する立場にある先生にも是非読んでほしい、シリーズ全６巻。

本体予価 各 1,800 円

東洋館出版社
〒113-0021　東京都文京区本駒込5丁目16番7号
TEL: 03-3823-9206　FAX: 03-3823-9208
URL: http://www.toyokan.co.jp
twitter @Toyokan_Shuppan